LA DEPRESIÓN
Y SU
TRATAMIENTO

D1157364

Pablo Polischuk, Ph.D

LA DEPRESIÓN
Y SU
TRATAMIENTO

editorial clie

Libros CLIE
Galvani, 113
08224 TERRASSA (Barcelona)

LA DEPRESIÓN Y SU TRATAMIENTO

© por el autor: Pablo Polischuck, Ph. D.

Depósito Legal: B. 28.342-1992
ISBN 84-7645-566-6

Impreso en los Talleres Gráficos de la M.C.E. Horeb,
E.R. nº 265 S.G. –Polígono Industrial Can Trias,
c/Ramón Llull, s/n– 08232 VILADECAVALLS (Barcelona)

Printed in Spain

Clasifíquese: PSICOLOGÍA
Referencia: 22.36.33

Índice

Introducción

«El que canta canciones al corazón afligido
es como el que quita la ropa en tiempo de frío,
o el que sobre el jabón echa vinagre.»
(Proverbios 25:20)

En nuestro afán de pretender ayudar a una persona depresiva, debemos tener en cuenta su estado de ánimo y no simplemente tratar de cantar canciones al corazón afligido. Parece que desde la antigüedad se reconocía la importancia de prestar atención a la persona afligida, demostrando amor en forma práctica. Tal amor se define como empatía, calidez no posesiva, respeto ante la miseria humana, interés por el paciente y disposición de ayuda abierta sin pretensiones. Quien canta sin discernimiento es pretencioso, carente de empatía y falto de perspicacia. No tiene en cuenta el estado afectivo de la persona afligida.

La depresión distorsiona los procesos emocionales y los sentimientos, robando la capacidad de estar en paz y en gozo. La depresión afecta los procesos cognoscitivos, distorsionando el pensar y el razonar, las atribuciones a la realidad y el juicio cabal. El individuo que se encuentra bajo estas circunstancias y en tal estado necesita que se le otorgue presencia acogedora o cobijadora, con empatía y entendimiento.

Muchas personas, al tratar de aconsejar o ayudar, demuestran falta de respeto ante el dolor y la angustia, aunque sus intenciones sean buenas.

La falta de discernimiento y entendimiento revela también carencia de amor, paciencia, bondad y longanimidad hacia el afligido. Tales aspectos humanos deben ser vistos en co-participación con los frutos del Espíritu que ayudan a prestar solidaridad con los que sufren.

La falta de tacto por parte de las personas que quieren ayudar se nota cuando, en lugar de consolar, afirmar o entender el porqué de la angustia, simplemente «cantan sus canciones» aprendidas de antemano, estereotipadas o compaginadas con el afán de resolver los problemas con fórmulas o acercamientos que buscan garantizar victoria o solución. Ninguna de las dos comparaciones del proverbio es funcional: Ni quitar la ropa en tiempo de frío ni echar vinagre sobre el jabón. Es decir, a pesar de buenas intenciones, no hagamos lo inaudito, tratando de despojar a la persona de lo único que tiene para cubrirse. Tampoco irritemos a la persona con nuestra falta de tacto y empatía. Peor aún, no lo hagamos con nuestra pedantería o pretensión espiritual.

La persona deprimida se cubre de defensas intrapsíquicas, interpersonales y situacionales. Tales defensas, aunque indebidas o inadecuadas, representan lo único que existe en las reservas emocionales y en la disposición involuntaria de la persona. Si en el afán de ayudar simplemente las despojamos, dejamos a la persona expuesta a los rigores de su situación. El cantar con tal intención no es funcional.

Tampoco lo es el aconsejar, empujar o tratar de sacar al individuo de su depresión con métodos pujantes y demandantes, ya que actúan en forma irritadora. Echar vinagre sobre el jabón no es cosa recomendable, ya que tal combinación no permite el aseo adecuado, sino que «corta» o sabotea las intenciones de ayuda. No cabe duda: Somos «ácidos» e irritantes al caído, al menesteroso o afligido cuando no tenemos en cuenta su estado de ánimo, aunque tratemos de ser fieles, buenos y ayudadores.

El presente libro tiene como propósito presentar el problema de la depresión enfocándolo sobre sus definiciones, sus síntomas y sus diferentes manifestaciones. Varias corrientes de pensamiento y diversos acercamientos, en cuanto a su tratamiento, son presentados de manera concisa. También se enfatizan reseñas de investigaciones y de trabajos clínicos en la materia, con recomendaciones enfocadas hacia el trabajo pastoral con personas deprimidas.

A través de muchos años de enseñanza, entrenamiento y supervisión de psicólogos y pastores interesados en asesorar o aconsejar, el autor ha podido experimentar lo complejo del problema y las exigencias que requieren atención esmerada en cuanto a su tratamiento.

En mi opinión, pareciera ser que la preponderancia que se da a los asuntos prácticos y concretos –y a veces simplistas– en los procesos de ayuda emocional no es correspondida con el mismo énfasis acerca de esfuerzos en entender su origen o las posibles causas de la depresión. En el funcionamiento clínico, los que ayudan necesitan maneras específicas y concretas de trabajar, con ciertos objetivos, estrategias y acercamientos adecuados. Sin embargo, se necesita el entendimiento clínico y el discernimiento cabal acerca del problema y de sus posibles causas para tener pautas de lo que se trata de hacer.

Se ruega al lector mantenga la mente abierta hacia los aspectos teóricos, a las investigaciones que corrientemente tratan de descifrar o entender los determinantes y las variables que parecen mantener la presencia del problema.

La audiencia que el autor tiene en mente al escribir se compone de aquellas personas que desean ayudar a los depresivos, especialmente individuos involucrados en trabajos clínicos, sociales, pastorales o de asesoría. Puede resultar también una lectura complementaria para cursos dictados en asesoría, psicoterapia o consejo pastoral.

A las personas interesadas en asuntos concretos y en estrategias reducidas a pasos estereotipados importantes se les ruega tener la paciencia necesaria para recorrer las páginas que tratan los aspectos teóricos, abstractos o definitorios. El propósito de este escrito es el de amalgamar la teoría y la práctica en forma integral.

Aunque de manera implícita se presentan ideas personales,

también se extraen conceptos desde la información proporcionada por la erudición, la investigación y la práctica clínica. La antropología bíblica y la teología instruyen también la lectura, ya que un modelo integral necesariamente trata las creencias y los postulados dentro de los cuales se desarrolla la actividad terapéutica entre cristianos. Los capítulos que tratan las definiciones y etiquetados de las diferentes maneras de encuadrar el problema de la depresión, se toman del campo psicológico, social, biológico y ecológico. Los capítulos prácticos tratan de extraer consecuencias de las experiencias clínicas, de las interacciones con colegas, con estudiantes y con expertos en la materia que durante años han ayudado a moldear las perspectivas y los acercamientos volcados en tales capítulos. La reflexión propia es ampliada con los pensamientos del autor y sus interpretaciones desde un marco de referencia integrativo-interactivo.

En psicología clínica se da el caso de que existen varias escuelas de pensamiento que tratan de definir, explicar y proporcionar vías de enfoque con respecto a la depresión. Tales corrientes de pensamiento han proporcionado una variedad de hipótesis, conjeturas, investigaciones y resultados que se han vertido en libros, revistas científicas, revistas populares e instrucciones formales e informales de toda índole.

En este libro se hacen reseñas nacidas del pensamiento clínico. Primeramente, se da lugar al acercamiento analítico, con su énfasis en la dinámica interna; luego, a las relaciones primarias con objetos significativos que moldean la infancia, hasta llegar a las corrientes actuales que enfatizan lo cognitivo-conductivo, lo sociobiológico y situacional. El papel que la espiritualidad y las ansias de vivir y luchar puede desarrollar en el humano también es añadido a las consideraciones que tratan de explicar el problema, así como los acercamientos que intentan resolver la depresión.

No sólo la atención personal se enfatiza, sino también el papel significativo que la comunidad juega. La familia, los amigos y la iglesia son invitados a participar en la solución,

10

ya que en muchos casos tales factores forman parte del problema. La iglesia, como comunidad sanadora, a través de sus componentes laicos y ministeriales, puede ofrecer el contexto para que las personas deprimidas experimenten un proceso de alivio, de sanidad o de liberación.

1

El problema de la depresión

Tratar de definir la depresión ofrece un desafío considerable. Es un problema complejo que representa una variedad de manifestaciones, desde un sentimiento leve hasta la angustia profunda. Partimos desde la observación de la experiencia humana común, que señala que cada persona experimenta sentimientos de depresión debido a una multiplicidad de factores que surgen de las demandas del vivir cotidiano. En la mayoría de los casos, tal estado afectivo es de breve duración, y de una intensidad no muy profunda, lo que permite que la persona vuelva a su estado considerado normal. No obstante, cuando la depresión alcanza niveles más profundos y se estima que tal problema representa aspectos clínicos más severos, se necesita una atención más esmerada y apropiada. La persona deprimida puede verse tan desposeída, incompetente o ineficaz que a menudo recurre a pensamientos suicidas como escape de sus problemas.

Conceptos simples y realidades complejas

En el ambiente cristiano han aparecido muchas conjeturas e ideas al respecto, debido, en gran parte, a que se desconocen las causas, el desarrollo y los resultados de la depresión. A veces, la confusión de conceptos, las definiciones vagas de tales estados, o la carencia de entendimiento acerca de los

13

diferentes tipos de problemas bajo tales categorías, hace difícil la probabilidad de diagnosticar o de ofrecer ayuda emocional. Las acusaciones por parte del mundo secular hacia la Iglesia, en ocasiones han tenido sus bases en los dictámenes simplistas pronunciados por personas que de manera dogmática presentan veredictos tales como:

—*La depresión es el resultado de haber pecado.*
—*La depresión representa la falta de fe en Dios.*
—*La depresión se experimenta cuando Dios esconde su rostro.*
—*La depresión es síntoma de no vivir en victoria.*
—*La depresión es el castigo de Dios hacia la desobediencia.*
—*La depresión es un síntoma de la carencia de espiritualidad.*

Tales expresiones, aunque aparentan tener aspectos verdaderos si se las confina a un marco de referencia estrictamente solipsista-espiritual, representan maneras precarias de tratar asuntos complejos, sin tener en cuenta la multiplicidad de factores que intervienen en las experiencias emocionales.

Lo mismo sucede en cuanto a la postulación de soluciones o a los consejos proporcionados:

—*Si usted aumenta su fe, nunca más experimentará la depresión ni la ansiedad.*
—*Si usted orara más, o si leyera más la Palabra, tendría más fe y menos depresión.*
—*Si usted vive sobre las circunstancias, nada lo tornará depresivo.*

Muchas preguntas se acumulan en la mente de los que observan la vida debajo del sol con un sentido de realidad sin negación de las vicisitudes:

—*¿Por qué se deprime la persona justa y buena?*
—*¿Se deprimen los cristianos espirituales?*
—*¿Puede una persona vivir sobre las circunstancias*

constantemente, sin nunca sentirse acongojado o sin
ganas de seguir luchando? ¿Dónde está Dios cuando
las cosas van mal?

Muchas veces, en lugar de reconocer el hecho de vivir debajo del sol y estar expuestos con solidaridad a todas las vicisitudes por las que los humanos atraviesan, se trata de negar tal experiencia. Desde la antigüedad ha habido intentos encaminados a negar la realidad o a racionalizarla. Los estoicos de la antigua Grecia se especializaron en tales posturas. Los hedonistas trataron de menguar o disminuir los efectos de tales condiciones, dándose al placer casi forzado. Los místicos trataron de superar las vicisitudes humanas desconectándose de las experiencias cotidianas y sensoriales a través de sus meditaciones. Los creyentes sinceros a menudo han tratado de utilizar su fe a manera de talismán o varita mágica, al objeto de hacer desaparecer cualquier vestigio de inestabilidad emocional.

Tales intentos testifican acerca de la frustración, de la ansiedad y de la desilusión de estar frente a un problema complejo que desafía a la persona que lo sufre sin saber por qué.

«Llené mi humedecedor de ambiente con cera; mi casa está brillante.» En el afán de presentar una perspectiva de «victoria, de gozo y de paz», a menudo se establece una filosofía de «encerado» o barnizado exterior. En lugar de limpiar a fondo y de establecer criterios de salud emocional nacida de la confesión, del reconocimiento del problema y del sondeo de las posibles causas, se enfatiza el brillo constante, sin reconocer la realidad de las posibilidades del desasosiego humano. Se racionaliza o se descarta el hecho de saber que existe la posibilidad de desilusión tanto consigo mismo como con Dios cuando se experimentan aspectos negativos, a pesar de tener fe y de repasar todas las promesas de Dios atesoradas en la mente.

Perplejidad y paradojas

Muy a menudo el salmista cantó de sus angustias y temores, de sus ansiedades y terrores, de su depresión y desasosiego. La sinceridad y manera abierta de recurrir a Dios con su estado de ánimo abatido ha sido registrada, vez tras vez, en los Salmos como testimonio a la finitud humana y al socorro divino en tales ocasiones.

«¿Por qué te abates, oh alma mía, y te turbas dentro de mí? Espera en Dios, porque aún he de alabarle.»

(Salmo 45:5)

«Estoy hundido en cieno profundo, donde no puedo hacer pie. He venido a abismos de aguas, y la corriente me ha anegado. Cansado estoy de llamar, mi garganta ha enronquecido. Han desfallecido mis ojos esperando a mi Dios.»

(Salmo 69:2, 3)

«El escarnio ha quebrantado mi corazón y estoy acongojado. Esperé quien se compadeciese de mí, y no lo hubo. Y consoladores, y ninguno hallé.»

(Salmo 69:20)

«Me quejaba, y desmayaba mi espíritu. No me dejabas pegar los ojos; estaba yo quebrantado, y no hablaba. Consideraba los días desde el principio...»

(Salmo 77:3-6)

«Se llenó de amargura mi alma, y en mi corazón sentía punzadas...»

(Salmo 73:21)

Los textos citados son simplemente ejemplos extraídos de las numerosas citas que aparecen en las exclamaciones poéticas de la antigüedad que denotan que la angustia, la depresión y la reacción emocional ante Dios representan mucho de la realidad humana debajo del sol.

El apóstol Pablo escribe a los corintios acerca de sus angustias, sus desvelos (2ª Corintios 6:4, 5) y de sus temores

(2ª Corintios 7:5). Necesitamos reconocer el hecho extraño o poco común de su sinceridad al confesar sus debilidades. Aun cuando les escribió en defensa de su ministerio, no ocultó sus características humanas. Sin negar sus sentimientos, fue abierto y sincero acerca de sus limitaciones, incluyendo aspectos depresivos.

En ocasiones ordinarias que ocurrieron tras manifestaciones extraordinarias, el profeta Elías experimentó cierto desgaste emocional. Su agotamiento se deja ver en sus palabras hacia Dios, ya que deseando morirse, le dijo: «Basta ya... quítame la vida, pues no soy yo mejor que mis padres» (1º Reyes 19:4). Tales palabras nacieron de un contexto que sucedió a la gran manifestación de poder y despliegue de fuego en la cima del monte Carmelo. Temor, dudas y depresión aparecieron como resultante de eventos que demandaron mucho más del ser humano de lo que su capacidad natural era capaz de absorber y adaptar en sentido ordinario. Santiago nos recuerda que Elías «era hombre sujeto a pasiones semejantes a las nuestras» (Santiago 5:17).

El profeta Jonás se enojó de tal manera que hasta deseó la muerte (Jonás 4:3). De manera conjetural, podemos alegar que la ira introyectada y sin resolver, acoplada al sentido de culpabilidad, y la percepción de estar fuera de las órdenes precisas de Dios, produjeron aspectos depresivos en el ser humano. Sujeto a las circunstancias ordinarias, el profeta se alegró por una simple calabacera que le resguardó del sol en un día caluroso. El cambio en las circunstancias vigentes trajo a la vez un cambio en los procesos mentales y emocionales del profeta, quien se enojó y, con desmayos, tuvo pensamientos suicidas cuando la calabacera se secó (4:8). Tal vez Dios utilizó una ilustración común y precaria para apuntar hacia aspectos más grandes y elevados de responsabilidades humanas. Ciertamente, la vida «bajo el sol» afecta en su vanidad aun a los llamados a cumplir funciones ilustres y magnánimas.

Spurgeon, el «príncipe de los predicadores» de Inglaterra, sufría de continuas depresiones. Su esposa fue la que lo ayudó personalmente a sobreponerse con su aliento paciente y su refuerzo positivo. En uno de sus sermones, («A los afligidos») recalcó que sólo un demonio en el infierno se goza cuando otro demonio cae más bajo en sus peripecias. También habló de las exageraciones que un angustiado era propenso a enunciar, al decir: «Todas tus ondas han pasado sobre mí», recalcando que si en realidad Dios pasara con todo su poder sobre cualquier humano, tal humano no quedaría para cantar ni siquiera un salmo.

Los cristianos espirituales, que leen la Biblia y oran, que trabajan arduamente en labores ministeriales y viven vidas ejemplares, muy a menudo pueden experimentar pensamientos o sentimientos depresivos. Existen muchas clases de depresión, aunque en apariencia, en expresión y a simple vista puedan parecer «la misma cosa».

Casos comunes

Diversos casos corrientes, que aparecen como representativos de la variedad de experiencias emocionales, sirven como ilustración.

–Juana acaba de tener un bebé. Después de varios días siente resentimientos hacia el recién nacido. Se llena de angustia, ira, perplejidades, y no sabe de dónde vienen tales sentimientos. Se acongoja, deja de comer y cavila todo el día. Por razones que no llega a comprender, no es capaz de atender a su bebé ni de darle cariño, sino que lo evade o lo rechaza. Experimenta pensamientos violentos de forma involuntaria, desvaría y tiene delirios aberrantes. Se deprime hondamente, hasta el punto de necesitar atención médica o psiquiátrica.

–Don Mencho ha perdido su trabajo de varios años. Al principio se resigna, pero luego busca entender el porqué de las cosas. Comienza a pensar en las repercusiones financieras, se desalienta y trata de mantener su arrojo. Al pasar los días se sume en una reacción depresiva que no le permite sentirse con aplomo. Pierde la confianza en sí mismo y tiene dudas acerca de la voluntad de Dios. Las cosas van de mal en peor, y se hunde en la desesperación. Pierde el sueño, experimenta problemas en su concentración y en sus maneras de razonar. Se vuelve negativo, taciturno, lúgubre y mórbido. Pensamientos suicidas pasan por su mente.

–El pastor Juan ha realizado una campaña especial de dos semanas en la cual trabajó arduamente. Sin darse tregua, organizó y guió todo los aspectos de la misma. Visitó a cada familia de su congregación un par de veces en esas dos semanas, alentando y encomiando a cada feligrés. Visitó a todos los que acudieron a su iglesia, dándoles tiempo y energía a fin de mantener contacto y tratar de discipularlos. Uno de aquellos días murió una ancianita y tuvo que encargarse de todos los trámites del entierro. También tuvo que arreglar asuntos de peleas que existían entre tres matrimonios y familias, una de las cuales estaba compuesta por uno de sus amigos diáconos. Tuvo que ir al juzgado porque dos feligreses necesitaron de su fianza por haber sido involucrados en cuestiones de abuso de niños. Entre muchos otros quehaceres, el pastor Juan trató de terminar sus cursos teológicos nocturnos, leyendo cerca de dos mil páginas cada curso, escribiendo tres trabajos de erudición y tratando de sacar buenas calificaciones, a fin de mantener su beca. Una vez finalizada la campaña, Juan experimenta un letargo pronunciado, un vacío espiritual, y queda sin ánimos para levantarse y hacer frente a las tareas cotidianas. No tiene ganas de visitar a nadie, y los feligreses de su iglesia lo irritan. Se vuelve cínico y sarcástico, y trata de evitar en lo posible todo contacto con los pocos amigos que tiene. Se siente frustrado, solo, agobiado, deprimido y sin ganas de pedir ayuda, ya que teme ser tildado de «vago» o de no ser lo «suficientemente espiritual».

–Doña Catita no ha salido de la casa en los últimos tres meses. Se ha vuelto huraña y no tiene ganas de socializar ni de mantener contacto con «los que viven en victoria». El gozo de los demás es como humo a sus ojos y vinagre a sus dientes. Ha perdido peso, y ha pasado muchas noches sin conciliar el sueño. Su memoria parece haberle fallado bastante en los últimos tiempos. Pero hace una semana parece que las cosas han cambiado y se ha vuelto hiperactiva. Recorre su barrio sin cesar repartiendo literatura cristiana. Visita a todos los enfermos de la iglesia, los quiere levantar de sus camas a empujones y con oración. En tres ocasiones se quedó sin dormir por limpiar la casa a fondo, encerándola incluso. Mientras limpiaba, cocinó bizcochos para repartir entre los hermanos de la congregación. Llamó a su pastor, dándole consejos acerca de cómo debía predicar el domingo, con pautas y citas bíblicas, para que éste hiciera un buen trabajo. Pero siente, de nuevo, que su letargo acostumbrado está golpeando a las puertas y se sume en ansiedad. Vuelve a experimentar desgana, angustia, falta de propósito, acosándole los sentimientos lúgubres de meses atrás.

Los casos mencionados representan diferentes aspectos del problema en consideración. En el primero de ellos, Juana experimenta la depresión del tipo *post-partum*. Tal condición se debe a trastornos hormonales y a desequilibrios bioquímicos en el organismo. En el segundo caso, don Mencho experimenta una reacción de ajuste a la vida, con carácter depresivo. En el tercero, la depresión del pastor Juan se debe al desgaste emocional y a la fase letárgica que precede a la euforia y la excitación desmedida. En el último, se trata de una depresión del tipo «primario, bipolar» con aspectos «maníaco depresivos».

Tales casos son simplemente representativos. Cabe decir que existe una gama de posibilidades, teniendo que indagar bastante para lograr determinar qué está sucediendo en realidad. Las páginas que siguen tienen la finalidad de presentar nociones que desafían nuestro pensamiento y proporcionan bases para nuestra indagación al respecto.

2

La depresión como problema complejo

Sea que nos acerquemos a la depresión como síndrome mayor o como una manifestación leve, debemos partir de la base de que tal problema se considera como un ente complejo. Existen varios puntos de vista que tratan de definir la depresión, así como acercamientos para sus posibles soluciones.

La depresión desde diferentes puntos de vista

En la actualidad, hay varias corrientes de pensamientos tendentes a reflejar una gama de modelos que tratan de definir, explicar las causas, y describir los mecanismos que originan los síntomas de la depresión. La persona que desee ayudar o aconsejar a los depresivos, puede asesorarse de tales corrientes de pensamiento y tratar de capacitarse en la utilización de estrategias, modelos o acercamientos existentes, aparte de prestar atención a sus propias maneras de abordar el asunto.

En este libro no se trata de ser exhaustivo, sino de presentar muy brevemente nociones para señalar lo que existe y debe ser investigado por aquellos que desean prestar ayuda emocional-espiritual. A continuación presentamos las diferentes maneras de explicar la depresión:

1. *Psicoanalítica*
   La depresión se produce como consecuencia de la pérdida de objetos de amor y de la estimación propia.

21

2. *Conductiva*

La depresión resulta de las maneras inadecuadas de conducirse y establecer hábitos que, en forma negativa, llegan a ser contraproducentes al sentir, al pensar y al actuar de la persona.

3. *Cognitiva*

La depresión proviene de esquemas, *sets* o clichés de pensamientos y razonamientos negativos, de las deducciones, atribuciones y percepciones que, en forma conjunta, se alojan en las memorias y en las actuaciones presentes, influyendo en el sentir depresivo.

4. *Social*

La depresión es el resultado de las relaciones pobres, inconsecuentes y no reforzantes, con interacciones negativas y falta de apoyo positivo en el crecimiento y en las actuaciones interpersonales.

5. *Existencial*

La depresión se produce tras las consideraciones profundas y ontológicas del ser, que se ve finito, mortal, en angustia y ansiedad ante un mundo que no le da pautas de significado real.

6. *Biológica*

La depresión es el resultante de los trastornos químicos presentes en el cerebro y en el cuerpo en general.

7. *Espiritual*

La depresión se da por la separación de Dios y del significado de la vida, de la presencia y de la validación divinas. Por hacer lo inadecuado y lo considerado falto ante Dios, con remordimiento, culpabilidad y sentido de imperfección.

En el presente capítulo se enfatiza la base que define a la depresión como un problema complejo, visto desde distintas perspectivas. La depresión puede ser vista desde tres puntos: Es un *conjunto de síntomas*, una *reacción* hacia un problema, o un *malestar* en sí. Se define a través de: 1º) sus síntomas, 2º) su etiología u origen, y 3º) su condición disfuncional.

El concepto del sentir emocional

Los estados emocionales varían desde la neutralidad psicológica hasta los extremos de alegría o felicidad, de negativismo, de rabia o de tristeza agónica. Los estados depresivos se relacionan con las manifestaciones emocionales o afectivas con tonalidad triste, apagada, lúgubre, apática o melancólica. Los componentes de tal estado afectivo son: 1) el *sentir,* o la experiencia privada de tristeza o melancolía; 2) lo *intelectual* o cognitivo, representado en las fantasías, las palabras o las actitudes expresadas; 3) lo *fisiológico*, expresado en trastornos endocrinológicos, en la falta de apetito o de sueño, así como otras funciones corporales; 4) lo *expresivo* o conductivo, en cuanto a movimientos, gestos, vocalizaciones, llantos u otras manifestaciones de acción depresiva.

Cada uno de los cuatro componentes puede afectar a los demás. Tales variables se correlacionan entre sí, y un acercamiento global no ignora tales factores.

Definición de la depresión por sus síntomas

En primer lugar, hablamos de depresión cuando observamos un cambio en el estado del ser, en las relaciones o en el comportarse de una persona. Tales observaciones no son hechas en un vacío abstracto, sino más bien se extraen de las maneras concretas manifestadas en conducta inadecuada, dferente a la conducta esperada o normativa para la persona. Las desviaciones de lo considerado regular, funcional, común y corriente, representan señales o marcadores de algo que necesita atención. Dichas señales se denominan «síntomas», y son manifestaciones externas acerca de lo que el organismo de la persona está experimentando.

Estos síntomas pueden expresar algo más profundo que los provoca, tal como una enfermedad física, problemas en el funcionamiento cognitivo emocional o dificultades en el funcionamiento biológico. En un caso concreto –tratado por el autor–, después de varios meses de tratamiento psicológico y farmacológico, se advirtió que había ciertas irregularidades hormonales, necesitando, por tanto, asesoramiento endocrinológico. Se descubrió un tumor en la glándula tiroides que, al ser tratado, resolvió en gran parte el estado emocional depresivo de aquella persona. Aun cuando la resolución de tal problema alivió los síntomas de la depresión, sus rasgos caracterológicos necesitaron atención adecuada, con un enfoque hacia la propia estima, los hábitos adquiridos y las relaciones interpersonales, que contribuyeron al estado emocional considerado.

Los síntomas aparecen, también, como manifestaciones obvias o sutiles de problemas en las relaciones interpersonales, o como reacciones a las vicisitudes de la vida.

Este capítulo trata esta definición, dando importancia a los diferentes síntomas que caracterizan las manifestaciones subjetivas o intrapsíquicas, así como también a las visibles e interpersonales.

Definición de la depresión por su origen o causas

En segundo lugar, consideramos que una persona está deprimida cuando observamos una reacción hacia algún evento o acontecimiento negativo, como pueden ser las pérdidas, las catástrofes o ciertas vicisitudes negativas. A causa del asesoramiento de la realidad que golpea en forma adversa, la persona experimenta pensamientos, razonamientos, percepciones y juicios afectados por tal adversidad. Las emociones que acompañan tales procesos aparecen también como consecuencia o reacción a los sucesos.

El conjunto de aspectos cognoscitivos y emocionales añadido a las distorsiones de conducta bajo condiciones adversas, llega a ser catalogado como una depresión reactiva. Del mismo modo, cuando nos asesoramos sobre los orígenes bioquímicos, endocrinológicos, hormonales y físicos que dan lugar a las manifestaciones de carácter depresivo, podemos definir la depresión desde el punto de vista etiológico.

La depresión como malestar propiamente definido

En tercer lugar, la depresión puede ser vista como un malestar en sí, y entonces el enfoque debe dirigirse hacia la «entidad» que proporciona manifestaciones de síntomas y procesos que demuestran que la persona experimenta problemas para vivir debido a un funcionamiento inadecuado de su sistema biológico, intelectual, emocional y conductivo.

Niveles de depresión

Hemos puesto énfasis en el hecho de que todo ser humano experimenta la depresión a distintos niveles de experiencia. El sentirse triste y angustiado de forma momentánea es común en el repertorio de cada persona. El no tener ganas de vivir, o el experimentar pensamientos catastróficos y hasta suicidas, suele producirse cuando la depresión es más honda. El deseo de aislarse por completo y experimentar el letargo total, sin alcanzar a vencer la desgana, con manifestaciones lúgubres y mórbidas, hace que la depresión reste energía, motivación y deseos de seguir luchando. Es esta manera de ver la depresión que necesita ser tratada más adecuadamente, ya que representa lo que denominamos «depresión clínica».

En cuanto a niveles de manifestación depresiva, se puede asesorar la conducta desplegada en términos de frecuencia, intensidad, duración y sus consecuencias personales, interpersonales y actuaciones en general.

En lo referente a frecuencia, la observación de cambios en el modo de comportarse a lo largo de las actuaciones acostumbradas proporciona ciertas líneas de base para hacer conjeturas al respecto. Si la persona disminuye sus actuaciones, reduce sus normas en cuanto a productividad, se sospecha que «algo anda mal». Lo mismo sucede en cuanto a la expresión de sus sentimientos. Si la persona disminuye sus manifestaciones alegres, tranquilas, amables o positivas, y aumenta sus quejas, angustias, temores, desilusiones y otros aspectos negativos, se sospecha que tal persona experimenta cambios que dan a entender su estado de ánimo.

En cuanto al nivel de intensidad, es el tono, el estilo de las manifestaciones o la participación esmerada lo que proporcionan las bases para hacer conjeturas. El anhelo, los deseos, y el brío desplegado en las actuaciones, el pensar y el sentir, permiten ver si el individuo experimenta cambios que necesitan atención. Tales desniveles son comparados con sus niveles de base acostumbrados.

Con respecto a duración de la conducta, se investiga si la persona necesita más tiempo para hacer las cosas que comúnmente le llevan poco tiempo, o si la atención debida a ciertos aspectos rutinarios desaparece y hace las cosas con apuros y sin ganas.

Hay personas que se deprimen por un breve espacio de tiempo, para luego restablecer su conducta habitual de una forma rápida. Hay otras que luchan con esa condición durante varias semanas, e incluso meses, especialmente en el caso de reacciones a situaciones apremiantes de la vida o a pérdidas mayores.

Cuando se trata de depresiones de carácter bioquímico o fisiológicamente mediadas, las personas pueden experimentar años de letargo, falta de brío o deseos de vivir con ahínco. Asuntos caracterológicos dan a entender que la depresión es parte de los rasgos que caracterizan a determinados individuos, y que no basta una simple definición basada en síntomas pasajeros, reactivos o aun estacionales.

3
Los síntomas de la depresión

Un síntoma es una especie de aviso externo de una manifestación interna que necesita atención. Es como la luz roja en el tablero de instrumentos de un automóvil, que indica que el motor se está recalentando o que le falta aceite. En muchas ocasiones, la primera reacción es la de tapar la luz y pretender ignorar el problema, como si no existiese. Sin embargo, si es consciente de la función de tal señal, se atiende el aviso para no dejar que suceda algo peor. Los síntomas de la depresión son señales o manifestaciones externas que indican la necesidad de atención a la persona y sus procesos.

La depresión puede ser descubierta por sus manifestaciones externas, y también por el recuento de las sensaciones, experiencias y síntomas internos provistos por la persona. Al observar ciertas características en el pensar, sentir y actuar de una persona deprimida, se notan aspectos que demuestran que no está funcionando como de costumbre. El problema en cuestión puede ser descrito a través de un conjunto de síntomas, agrupados en las categorías que citamos a continuación, pero que aparecen conglomerados y en interacción muy completa:

1. Físicos
2. Conductivos
3. Cognoscitivos
4. Emocionales
5. Espirituales
6. Psicosomáticos

1. Síntomas físicos

a) *Apetito*

La persona experimenta cambios en su apetito, manifestando cierta desgana y desinterés, comiendo menos y perdiendo peso. A veces, se pierden diez o más kilos en pocas semanas. En ciertos casos, la persona puede comer más y aumentar de peso, ya que considera los alimentos como su ayuda emocional y su refuerzo propio. En algunos otros casos la persona experimenta constipados y problemas gastrointestinales.

Pareciera ser que el comer está tan arraigado en las costumbres del ser humano desde su nacimiento, que representa una buena parte de su estado afectivo y de relación. El comer está vinculado con la atención primaria maternal, con la seguridad y albergue hogareño, con los refuerzos positivos de la comunión y del compañerismo.

Permítase un paréntesis aclaratorio: El mandato original en cuanto a obediencia tuvo que ver con la conciencia o el deber de permanecer dentro del marco de referencia dado por Dios. Tal voluntad se expresó en términos de necesidades básicas de supervivencia, nutrición y mantenimiento relacionados con el apetito (Génesis 2:16, 17). El apetito pudo haber simbolizado la participación o la disposición de reconocimiento de dependencia hacia lo que sacia, llena, da salud y proporciona refuerzo positivo en comunión con lo ingerido. La caída tuvo lugar cuando Eva «tomó y comió» desde otra base, partiendo de su voluntad y desobedeciendo a Dios, como así también Adán (Génesis 3:6). Tal acto necesitó de la redención: «Tomad, comed...», pronunciado por Cristo, nos trae comunión otra vez.

El apetito humano representa aspectos o necesidades de nutrición, dependencia, afiliación y de refuerzo positivo. Aparece como vínculo humano encomiástico y comunitario. Representa, también, la atención personal hacia la vida, la mayordomía del ser y la administración de la energía necesaria para el existir. Se considera como aliciente, como compañía, como apaciguador de la ansiedad y de las necesidades que el ser requiere. En fin, el apetito es una marca de valor dinámico, interpersonal, de estima propia y del valer propio. No es inverosímil alegar que tanto la ansiedad como la depresión afectan al apetito porque atacan a la esencia del ser, su percepción y estima propia y sus relaciones con otras personas.

b) *Sueño*

Otro síntoma común es la falta de sueño, con insomnio y dificultades para dormir de una forma adecuada. El pensar en exceso, las preocupaciones, el razonar en círculos viciosos se suman a las deliberaciones internas que acompañan al insomnio, no permitiéndole dormirse en seguida. El despertarse temprano y no poder conciliar el sueño de nuevo, desasosiega e irrita a la persona. En algunos casos, los afectados experimentan una necesidad excesiva de dormir (hipersomnio), ya que no tienen incentivo alguno para estar despiertos ni energía para realizar tareas. Sea que no se duerme o que se duerme excesivamente, el sueño es afectado, en menor o mayor grado, a diferentes niveles de depresión experimentada.

Si bien el apetito representa aspectos básicos de expresión y dependencia, el sueño también representa aspectos similares. El ser humano necesita descanso, renovación de energías físicas y emocionales; y está supeditado a las leyes naturales que demandan su cumplimiento para funcionar debidamente. Aspectos emocionales que distorsionan el valor, significado o las metas adecuadas en la vida cotidiana, afectan al funcionamiento básico del ser. La depresión afecta al sueño, con consecuencias negativas en cuanto al funcionamiento físico, emocional y espiritual de la persona.

Factores que representan preocupaciones profundas y que obligan a la persona a cavilar, pensar negativamente y volverse taciturna, no permiten conciliar el sueño. La persona puede desarrollar aspectos obsesivos y reforzar inadvertidamente sus preocupaciones, dándoles demasiado tiempo y lugar, aumentando sus dimensiones negativas y adjudicándoles más poder de lo necesario. La carencia de paz, tranquilidad, predicción y control son factores asociados a las perturbaciones del sueño en la persona deprimida.

c) *Deseo sexual*

También el deseo sexual experimenta cambios, con desgana y falta de atención a la intimidad y a las maneras corrientes del sentir sensual. Sea casada o soltera, la persona sufre ciertas pérdidas de energía sexual, comparadas con su nivel normal. El afectado no se siente tan atraído hacia otros, ni experimenta las tentaciones comunes y corrientes de la forma acostumbrada.

Lo comúnmente llamado «libido» en el pensamiento analítico experimenta una disminución. La desgana, la falta de excitación o deseo sexual aparece como una característica muy común en la depresión. En el caso de una persona activa sexualmente, se nota la disminución del deseo de la actividad conyugal íntima o de la experiencia orgásmica.

En determinados casos de depresión bipolar, con aspectos maníaco depresivos, el enfermo puede experimentar lo contrario. En tales casos la excitación es exagerada, y los deseos se tornan desordenados debido a la hiperactividad y al nivel más elevado de energía sexual. Los trastornos bioquímicos, acoplados a las distorsiones de carácter cognoscitivo (pensamiento, razonamiento, juicio, atribuciones, etc.), se reflejan en deseos aumentados y en tensión y demandas de resolución fisiológica. La agitación motriz y el aumento de energía presionan a la activación de la conducta primitiva, irracional y desordenada.

En otros casos de depresión bipolar con aspectos psicóticos, la persona percibe, siente y actúa de forma autística o idiosincrásica. El afectado actúa sobre sus propias bases, sin necesariamente estar a tono con lo socialmente esperado o adecuado. Cuando la «censura» no trabaja ni lo racional domina, la persona puede manifestar actitudes y conducta sexual aberrantes, desde los aspectos leves hasta los desordenados.

2. Síntomas conductivos

a) *Nivel de energía en las actuaciones*

Entre los síntomas habituales, se nota la falta de energía, de celo, de vigor o prontitud en hacer las cosas. Se denomina «retardación motriz» al hecho de hacer las cosas como arrastrándolas, sin ninguna gana y más lentamente. Se experimenta la fatiga o el cansancio físico y no sólo emocional. El tiempo de reacción a estímulos es más pausado o lento. La motivación o activación de la conducta experimenta un desnivel. La actitud de orientación o la disposición al trabajo se nota como disminuida. La desgana aparece como una característica en cualquier actividad que demanda atención, concentración, esmero o dedicación.

b) *Nivel de motivación*

La falta de deseos o la carencia de placer se nota en la persona. Su conducta aparece como obligatoria y desganada, obedeciendo no tanto a la proactividad o a lo planificado con motivación, sino más bien a una reacción a las peticiones o al empuje de otras personas. Individuos que comúnmente son activos, dispuestos y cabales en sus actuaciones, pueden denotar agotamiento, pesadez, sarcasmo y fastidio al actuar.

c) *Conducta verbal*

El hablar se torna más letárgico y lento, siendo la coordinación entre las intenciones y las actividades del cuerpo más problemática. Las vocalizaciones y las tentativas de hablar con buena semántica o retórica normal experimentan letargo, con dificultades en su concentración, en la fluidez verbal o en la facilidad de palabra.

Personas que generalmente son sociales y conversadoras pueden disminuir su disposición y su participación, volviéndose silenciosas, taciturnas y negativas. La frecuencia de las verbalizaciones disminuye; la intensidad en el hablar mengua, y la duración de las conversaciones experimenta disminución.

31

3. Síntomas cognoscitivos

a) *Atención*

Entre los síntomas cognoscitivos se notan ciertas dificultades en la atención a los estímulos. Es más difícil prestar oído y atención a los temas, a los diversos matices de las conversaciones corrientes, a las complejidades en interacción y a las cosas más abstractas.

Personas que comúnmente mantienen su atención a personas, tareas o asuntos importantes y corrientes, parecen perder su capacidad de enfoque y de atención y orientación hacia tales estímulos. Esas personas no sólo «pierden el hilo» de las conversaciones, sino que parecen no encontrar siquiera el tema de que se trata. Yerran en la realización de tareas difíciles (a veces hasta en las simples), se enredan en asuntos complejos y pueden acarrearse problemas a causa de su falta de atención.

b) *Concentración*

Normalmente, las personas tienen la capacidad de atender y concentrarse focalmente (en un punto a la vez, un foco de atención) y global o difusamente (teniendo la periferia de las cosas o la experiencia total de percepción). En el caso de la depresión, se nota una concentración menos acertada, con dificultades en seguir la corriente de un pensamiento, mantener la mente aguda y la capacidad de procesar complejidades. La persona está menos alerta y experimenta problemas en su captación y procesado de información.

En los trabajos clínicos realizados con pacientes deprimidos, se nota que la falta de concentración estorba en el procesado de problemas aritméticos, matemáticos, analíticos, de memorización y de recuento. Cuando se trabaja con personas deprimidas, se observa que la falta de atención y concentración también estorba en el procesado de silogismos, de razonamientos lógicos y de juicios pronunciados en manera abstracta.

c) *Pensar y razonar*

El pensamiento se vuelve negativo, distorsionado y se amolda en *sets* o esquemas de carácter automático. El razonar se vuelve catastrófico, negativo y autocastigador. Dado que tiene el pensamiento embotado, la atención menguada y la concentración disminuida, el afectado razona de forma inadecuada, con premisas negativas, falsas o distorsionadas por su estado de ánimo. Con tales premisas básicas, esa persona «busca» cómo corroborar sus ideas negativas y contrarias a sí misma, por medio de conclusiones atrapadoras, encajonadoras y nihilistas; es presa de su propia conciencia castigadora y rígida, de su morbidez y de sus pronunciamientos degradantes contra ella misma.

d) *Percepción*

Las Escrituras nos recuerdan que «así como es el pensamiento del hombre, así es él». Fue Epícteto quien recalcó que no somos perturbados por las cosas en sí, sino por la percepción que tenemos acerca de ellas.

Según como «vemos las cosas» a través de los lentes de nuestras conjeturas, atribuciones o evaluaciones, así damos significado a la realidad. Así como los pensamientos se tornan negativos y con carácter pesimista, los razonamientos inadecuados dan lugar a las anticipaciones de derrota, degradación o difamación propia. Las atribuciones distorsionadas de la realidad toman un carácter autístico, y la lógica se vuelve idiosincrásica o contenida en sí misma. Tanto la percepción propia (de su valer, de su estima, de su propia eficacia), como también la del medio ambiente (el mundo que rodea a la persona, las relaciones humanas) y la percepción del futuro (seguridad, destino), se tornan pesimistas y negativas. El «trípode de la depresión», según Beck, es tener la percepción negativa y distorsionada de sí mismo, del mundo que le rodea, y del futuro.

e) *Memoria*

El ser humano tiene la capacidad de retener en su memoria todos aquellos asuntos que son percibidos como sobresalientes, importantes, funcionales, adecuados, etc. La memoria inmediata es un trazo que tiene una duración promedio de unos dieciocho segundos. La memoria a corto plazo aparece como una posibilidad si la persona repasa mentalmente y procesa el material estimulante a fin de «atesorar» o consolidar su memoria. A través de tales repasos, la consolidación hacia la memoria a largo plazo se efectúa si no hay interferencia proactiva o retroactiva. El fenómemo de la memoria es complejo, puesto que procesos cognoscitivos, bioquímicos y neurofisiológicos se combinan de forma óptima. La depresión parece afectar tales procesos.

En casos depresivos, la memoria sufre –especialmente la de corto plazo o inmediata– problemas de retención y de sondeo. La persona tiene dificultades en captar, retener y almacenar cosas importantes, ya que no está a tono en cuanto a la atención, la concentración y el procesado que atribuye significado a las cosas.

4. Síntomas emocionales

a) *Culpabilidad y vergüenza*

Los síntomas afectivos denotan un sentimiento de culpabilidad, un sentido de la vergüenza y una actitud de desesperación, ineficacia y carencia de fe. La persona se hunde en un cuadro de infelicidad y tristeza. La vida toma un tono gris, sombrío y pesimista.

b) *Llanto espontáneo*

Con cierta frecuencia la persona siente la necesidad de llorar, aun sin conectar conscientemente con sus causas o problemas pero teniendo un sentido global de estar atrapado y sin fuerza ni esperanza.

c) *Ansiedad*

La ansiedad es parte de este conjunto de emociones, con incertidumbre acerca del presente y del futuro, con miedo a sucumbir. La carencia de control ante las pruebas, y la falta de certidumbre acerca de cómo se desarrollarán los acontecimientos, hacen que la ansiedad vaya creciendo. La pérdida de arrojo, valor, fe, y de las maneras adecuadas de enfrentar la vida, hace que la persona se vea disminuida ante un mundo que se le presenta hostil.

d) *Pensamientos suicidas*

Es muy común encontrar pensamientos suicidas entre estos síntomas. El enfermo puede tener ideas, e incluso hacer planes acerca de cómo llevar a cabo sus funestos pensamientos.

5. Síntomas espirituales

a) *Separación de Dios*

La persona experimenta existencialmente un alejamiento de Dios, con la pérdida de integridad personal, un vacío espiritual y la falta de comunión. El filtrado humano en manera subjetiva da más crédito a la experiencia personal que a las promesas de Dios, con las sensaciones, percepciones y emociones embargadas y disminuidas como base para deliberaciones cognitivo-afectivas que recalcan la ausencia de Dios en el presente o cotidiano existir.

b) *Carencia de paz*

La depresión aparece como una sensación de carencia de paz o tranquilidad. La perturbación, el nerviosismo o la ansiedad se apoderan de la persona acongojada, que no ve realizada la presencia de Dios. Se da más crédito a lo experimentado en el «andar por vista» que a la fe, con las consiguientes disminuciones de las posibilidades de vivir en el presente con la realización de la comunión con Dios, quien otorga la base para la actualización de la paz y la tranquilidad. La inhibición recíproca entre la tensión y el relajamiento, entre el estrés y la tranquilidad, entre el nerviosismo y la condición sosegada, se vuelca en favor de aquellas experiencias, sensaciones y apercibimiento de los factores negativos que descartan las posibilidades de paz.

c) *Carencia de gozo*

La angustia y el dolor existencial aparecen en lugar de gozo o el contentamiento. La persona experimenta la angustia de no vivir «en victoria» ni de vivir con esperanza en el cumplimiento de las promesas de Dios. La desilusión, la culpabilidad y la denigración propia ocurren concurrentemente con los demás síntomas mencionados.

d) *Atribuciones negativas*

Entre estos síntomas aparecen, también, las atribuciones negativas y la percepción del castigo de Dios, el «esconder el rostro de Dios» y demás proyecciones humanas hacia lo considerado como retribución divina por la ineficacia y la imperfección propia. La carencia de visión positiva, de fe y de confianza hace resaltar el pensamiento lúgubre o sombrío. Se da énfasis a la subjetividad y a las introyecciones de carácter pesimista, descartándose cualquier tentativa a dar crédito a las promesas de Dios.

e) *Percepciones de degradación propia*

Percepciones de ineficacia, inutilidad e imperfección figuran en esta clase. La persona se ve disminuida espiritualmente, con plena conciencia de no haber alcanzado un grado mayor de perfección y de no haber logrado una forma adecuada de vivir.

A menudo, el afectado se autocastiga con una especie de autoexpiación; se erige en blanco o receptáculo de introyecciones negativas, pensamientos y razonamientos en su contra, juicios sin misericordia sobre sí mismo, con las consecuencias de vivir bajo un sentido de derrota, degradación, desánimo y aislamiento espiritual.

6. Síntomas psicosomáticos

Entre poblaciones hispanas o latinoamericanas en USA se ha observado un predominio de síntomas psicosomáticos que denotan depresión. En lugar de denominarlo «depresión» o de catalogarlo como algo emocional/mental, muchas personas expresan sus estados afectivos a través de síntomas corporales que manifiestan una combinación psicosomática.

Tales síntomas son, como la misma palabra indica, expresiones corporales de fenómenos emocionales que se correlacionan con la expresión del sistema nervioso autonómico. Entre tales manifestaciones, podemos mencionar éstas:

a) *Dolores de cabeza*
Por medio de expresiones «me duele la cabeza» o «me duele el cerebro» (aunque técnicamente el cerebro no duele), la persona experimenta tensión emocional, estrés, preocupación y ansiedad, manifestándolo en forma somática.

b) *Dolores musculares o dolores de espalda*
Relacionado con lo señalado anteriormente, tales dolores parecen estar asociados a las tensiones emocionales y a los sentimientos de opresión, culpabilidad, desasosiego, pesadumbre o depresión.

c) *Problemas gastrointestinales*
La persona afectada puede quejarse de tener dolores de estómago, diarreas, vómitos, constipados o sensaciones de malestar gastrointestinal. En ocasiones, las úlceras aparecen también en escena.

Todos los síntomas mencionados representan, simplemente, un conjunto de manifestaciones que aparecen a la vista, que pueden ser estudiados al atender o aconsejar a la persona y que pueden aportarse por la persona misma o por aquellos que le rodean y conocen su situación y malestar. Por otra parte, podemos enfocar la depresión desde el punto de vista de sus causas, de su etiología, a fin de conocer los problemas que la suscitan y mantienen.

4

Los orígenes de la depresión

Hasta aquí hemos tratado la depresión en cuanto a sus definiciones varias, a sus síntomas y manifestaciones. Ahora bien, enfocándola bajo la perspectiva de sus posibles causas, o la etiología de la depresión, podemos llegar a cierto sistema de clasificación.

La depresión, clasificada de acuerdo a sus orígenes

La depresión puede ser tratada desde el punto de vista de sus posibles causas. Cuando hablamos de depresión nos referimos a un conjunto de estados y manifestaciones conductivas-cognitivas-emocionales-espirituales. Tales condiciones tienen diversos orígenes, aunque aparecen, según nuestro escrutinio, como entidades idénticas o paralelas, hasta el punto de no poder diferenciarlas a simple vista

En las manifestaciones depresivas, elementos genéticos, biológicos o fisiológicos entran en juego con el medio ambiente, con las experiencias sociales y personales. El estrés de la vida, las pérdidas y los diversos problemas pueden «disparar» o suscitar reacciones y provocar síntomas, pero a veces, aun sin tener tales experiencias definidas, la depresión puede estar presente.

1. Depresión primaria

A esta clase de condición también se la denomina como «endógena» o proveniente «desde adentro» de la persona. La génesis o principio de la depresión se encuentra en los factores biológicos constitutivos del propio ser, transmitidos genéticamente y expresados bajo ciertas circunstancias.

Existen dos clasificaciones de esta condición, denominadas comúnmente «unipolar» y «bipolar».

a) *Depresión primaria unipolar*

Debido a perturbaciones en las estructuras y funciones del cerebro en sus aspectos más primarios (científicamente hablando, a nivel de neuronas y de simas sinápticas), la persona experimenta problemas depresivos. Sustancias neurotransmisoras del sistema nervioso han sido investigadas a nivel bioquímico, con ciertas hipótesis y resultados que dan a entender que la mediación de los impulsos nerviosos, la transmisión de estados emocionales y la experiencia de los afectos, sufren trastornos cuando existe un mal funcionamiento o trastorno a tal nivel.

Los factores bioquímicos y psicológicos son múltiples en tales casos, representando un principio de investigación que aún necesita ser desarrollado para tener un mejor cuadro de lo que se dice. Los estudios muestran que hay cierta afinidad y asociación entre miembros de familia, aunque es difícil predecir quién puede llegar a ser depresivo y quién no contraerá tal malestar. El tener cierta predisposición no necesariamente significa que la persona vaya a manifestar tal problema. Siempre hay interacciones entre la genética y los factores psicológicos, sociales y espirituales.

Los eventos que precipitan tal depresión pueden ser ciertas experiencias extremas –estrés, catástrofes, pérdidas, etc.–, pero en ocasiones no hay ninguna razón lógica ni aparente. Estos eventos pueden acelerar, promover el origen o empeorar la manifestación de la depresión, que puede, aunque no necesariamente, tener algunos rasgos psicóticos en sus aspectos más mórbidos o profundos. Tales casos, con frecuencia necesitan atención médica o psiquiátrica y la utilización de medios medicinales o farmacéuticos.

b) *Depresión primaria bipolar*

Aparte de experimentar la depresión en sí, la persona sufre de impulsos maníacos, en los cuales las sensaciones, afecto, conducta y demás manifestaciones se alteran, como si el péndulo se decantase hacia un lado hiperactivo, enérgico y agitado. Los vaivenes de esta condición cambian entre sentirse deprimido y sentirse eufórico. En tales ciclos, la persona puede ser primariamente definida por una de las dos maneras, o tener una mezcla de ambas en forma alterna.

En la fase maníaca es común encontrar aspectos psicóticos, con alucinaciones, delirios y trastornos en el pensamiento, el razonamiento, la percepción y las atribuciones hacia la realidad. Maneras más leves demuestran aspectos de energía, exageraciones en conducta, falta de relajación y de tranquilidad. Estudios y tratamientos con medicamentos (carbonato de litio) demuestran que esta condición puede ser mejorada hasta el punto de tener una vida más pausada y productiva.

Los aspectos maníacos también se manifiestan a través de síntomas de personalidad con enaltecimiento propio y con sentimientos de euforia. Cognitivamente, la persona experimenta un aceleración en sus pensamientos, siendo fácilmente distraída. Su forma de hablar puede ser rápida, y su nivel de actividad, en general, puede ser elevado. La necesidad de dormir disminuye debido a la sobreexcitación existente, aumentando, a veces, el deseo sexual.

El tratamiento de este tipo de depresión a menudo recibe la ayuda de derivados de litio (carbonato de litio), ya que se constata la falta de tal sustancia química en la composición natural de la persona y se trata de remediar el nivel de la misma. Aparte de ello, se aplica la terapia de sostén o de profundidad. Los consejos proporcionados por personas preparadas son medios eficaces de ayuda terapéutica, como complemento a las intervenciones farmacéuticas.

2. Depresión asociada con desórdenes bioquímicos

a) *Endocrinológicos*

Esta clase de depresión se origina a causa de los trastornos endocrinológicos, con las aberraciones en el funcionamiento o las secreciones de ciertas glándulas del cuerpo (tales como la pituitaria, la tiroides, las adrenales). En muchos casos la baja secreción de la glándula tiroides ha causado severas depresiones. En los casos de síndromes premenstruales o desequilibrios hormonales, la depresión suele ocurrir como uno de los posibles resultados. Fenomenológicamente hablando, las expresiones, los síntomas cognitivos, afectivos, conductivos o espirituales son tan paralelos a los de una depresión endógena primaria (unipolar, o a la fase depresiva de un desorden afectivo bipolar), que no es posible una distinción cabal.

Hay mujeres que experimentan la depresión denominada *postpartum*, que se produce tras el nacimiento de un bebé y se debe a los trastornos hormonales del cuerpo; esa depresión puede hasta involucrar tintes psicóticos, pero no necesariamente llegan a tener tal grado de profundidad.

b) *Síndorome afectivo estacional* (SAE)

Debido a las irradiaciones de luz solar y a las reacciones del cuerpo humano bajo ciertas circunstancias ecológicas, el individuo puede sufrir de la conocida como «depresión estacional», relacionada a las estaciones del año en las cuales la luz diurna es más breve y más leve, y a la incidencia de las reacciones a tal situación ecológica.

Se han realizado diversos estudios acerca de las diferentes latitudes con respecto a niveles geográficos, con correlaciones que señalan a los países nórdicos con mayor índice de manifestaciones del síndrome, comparados con la depresión en los países cercanos al ecuador. Existen dos hipótesis al respecto, una que enfatiza las reacciones en el cerebro debidas a la interacción de la luz con la percepción humana y sus bases fisiológico-bioquímicas, y la otra que tiene que ver con los ritmos circadios y la propensión de ciertas personas a afectarse por los cambios de exposición a la luz diurna. En los citados países nórdicos la predisposición a esta clase de depresión es más incidente desde noviembre hasta abril, que corresponde a los meses de invierno.

3. Depresión endógena menor

Esta categoría se puede utilizar para la depresión que se origina «desde adentro» pero que no llega a tener la calidad mórbida de depresión primaria unipolar, y que no manifiesta síntomas psicóticos o aberrantes. En esta categoría no hay causas aparentes ni visibles, sino que la persona llega a estar deprimida sin previo aviso, sin reacciones a ningún estrés, siendo muy tratable con antidepresivos tricíclicos. Los síntomas mencionados anteriormente corresponden a la manera leve. A veces, esta clase de depresión sigue su curso dentro de una «línea de base» a la cual se agrega la depresión unipolar primaria, bajo circunstancias adversas. También una reacción depresiva puede elevar el nivel y la calidad de síntomas, necesitando mayor atención por algún tiempo, o bien controles, para luego disminuir y mantener una línea base considerada depresiva, si se compara con personas no depresivas. Los consejos tienen aquí su importancia, así como también la terapia, pero en ocasiones se necesita la farmacoterapia para lograr mejores resultados. En cuanto a terapia, la modalidad cognitivo-conductiva ha sido empleada con cierto éxito en tales casos.

En esta categoría cabe incluir el síntoma del agotamiento experimentado tras haber tenido cierto período de actividad extrema, cuando la adrenalina ha sido producida por dicha actividad, para ser seguida de un letargo o vacío emocional. Cabe señalar que problemas metabólicos, como es el caso de la hipoglucemia, también producen un grado de depresión debido al bajo nivel de azúcar en la sangre.

Hay una determinada clase de depresión que podríamos denominar «involitiva» o asociada con factores que no siempre el individuo quiere elegir para sí mismo. Por ejemplo, hombres en su etapa madura, pasados sus cuarenta o cincuenta años, o mujeres en su menopausia, parecen más propensos a la depresión, debido, precisamente, a una serie de cambios metabólicos que tienen lugar en su organismo, así como por la constatación de haber dejado pasar sus «mejores años de vida», con las consecuencias de tener que enfrentar un futuro incierto o de menor calidad.

4. Depresión asociada con enfermedades o tratamientos

Una persona enferma de cáncer experimenta depresión, pero también la que padece alguna enfermedad menor –como puede ser la gripe– llega a sentirse deprimida. En casos de dolores crónicos de espalda, o dolores debidos a tejidos cicatrizados, la depresión es común. Las personas que sufren diabetes también experimentan cierto grado de malestar. Por otra parte, el tratamiento a través de antibióticos o drogas para la presión alta, así como algunos anticonceptivos, pueden provocar o estar asociados con cierto grado de depresión. El tratamiento de radiación también se asocia con tal condición. Es difícil calcular o asesorar hasta qué punto las «causas» producen «efectos» o en qué forma sucede la interrelación; lo cierto es que en muchos casos de enfermedades o tratamientos se nota la presencia de la condición depresiva que manifiesta síntomas paralelos a los ya descritos.

5. Depresión neurótica

En esta clase de condición la persona ha desarrollado estilos de vivir, de ver las cosas y de funcionar emocionalmente a lo largo de sus líneas personales. A menudo se observa la correlación entre características de personalidad o desórdenes de carácter neurótico y la depresión. Individuos que manifiestan tintes hipocondríacos, histéricos, obsesivos o compulsivos y perfeccionistas caben ser señalados aquí.

Las raíces de la personalidad histérica se encuentran en la infancia y la niñez, con interacciones complejas que se traducen en la vida adulta manifestadas por rasgos dramáticos, seductivos, manipulativos, con exageraciones y distorsiones en las maneras de procesar la realidad. También los orígenes de la personalidad obsesocompulsiva se trazan en la infancia y la niñez, con el desarrollo de hábitos persistentes manifestados a través de ciertos pensamientos o acciones de carácter repetitivo, perfeccionista, impulsivo y autocastigador. La orientación hacia sensaciones corporales con la autosugestión de dolores crónicos, de conversiones histéricas de carácter psicogénico (sin base fisiológica para los síntomas de la enfermedad) y de obsesión con la seguridad personal contra posibles catástrofes, hace que dichas personalidades gasten mucha energía y trabajen «extra» para mantener cierto equilibrio contra la ansiedad. Tales desgastes se traducen en depresión, asociada a los síntomas corporales ya mencionados.

Muchos de los síntomas que se presentan en situaciones de asesoría pastoral son de carácter corporal o somático de conflictos emocionales. Dolor de cabeza, jaquecas, migrañas, dolores musculares, «dolor de cerebro» o «nervios» son, con bastante frecuencia, expresiones que, si bien manifiestan la fenomenología de la persona con problemas, representan síntomas de depresión. Para la mayoría de personas es más fácil atribuir un tinte corporal o somático a sus sensaciones, o traducir de tal sintomatología la manera de percibir sus dilemas, que recurrir a un nombre como «depresión».

Teniendo presente el pensamiento psicoanalítico, la depresión puede ser vista como resultado de las luchas internas entre el consciente de la persona y su subconsciente, y de las formas de desviar las energías a través de mecanismos de defensa. También la utilización de síntomas con propósitos funcionales (no accesibles o reconocidos) caracteriza esta condición.

En algunos círculos se denomina «depresión ontológica» al estado de ser, a la manera fundamental o caracterológica que define a la persona, y que no tiene ninguna causa aparente, sino que la existencia misma del individuo representa en esencia su condición depresiva. Es como si la persona dijese: «Yo SOY depresivo; por lo tanto, pienso, siento y me conduzco de forma depresiva». La percepción propia involucra un sentido de culpabilidad (por ser humano, finito y mortal) y de ansiedad «vertical» asociada con la imperfección. Ni la farmacoterapia ni los *shocks* eléctricos llegan a producir ninguna diferencia en tales casos, ya que el individuo necesita redefinir su ser, reestructurar su manera de ver, sentir, pensar y accionar. La terapia analítica, existencial y no directiva se utiliza en tales casos. Dicha terapia, necesariamente, se torna en un proceso lento, que precisa de un largo plazo y que necesita de la ayuda de personas capacitadas y entrenadas para tal acercamiento.

6. Depresión reactiva

Esta clase de depresión responde a las circunstancias o las pruebas de la vida. Como su nombre indica, es una manera de reaccionar frente al estrés. Una forma de considerar las pérdidas envuelve el dolor de la separación, el luto, la tristeza, como en los casos concretos en que se ha producido un fallecimiento. Tras la posible negación, la ira o desilusión en la vida, la depresión deviene, para ser seguida por tentativas a la resolución y aceptació de los acontecimientos. También cuando se producen cambios de domicilio, cuando la persona abandona un lugar acostumbrado, amigos, iglesia, trabajo, etc.;

aismismo en los cambios dentro del hogar cuando los hijos crecen, van al colegio, se casan o marchan del hogar. En tales casos, el evento circunstancial es psicológicamente importante, ya que el individuo experimenta el impacto de la separación, del vacío, de las pérdidas, del desafío hacia lo incierto y necesita hacer acopio de energía emocional para hacer frente a tales vicisitudes.

En ocasiones se llama «reacción de ajuste con características depresivas» a la condición deprimida si el tiempo que transcurre entre el evento provocador y la depresión es breve, la intensidad no es muy pronunciada y la duración es corta. Si la intensidad es mayor y la duración más prolongada, cabe mejor clasificarla como «depresión reactiva».

Entre todas las clases de depresión posibles, el ministro u obrero cristiano que desea ayudar con consejos y apoyo, guía y dirección, encontrará que las depresiones reactivas, ontológicas y neuróticas son las que aparecen como necesitando de sus servicios y dentro de su área de actuación. En casos más conectados con la genética, la biología o la endocrinología, se deberá recurrir a la participación o consulta de otros profesionales para asesorarse en tales casos.

Aparte de las buenas intenciones de ayudar, existen ciertas legalidades a las que atender, ya que el no proporcionar la ayuda debida, correcta y esperada en cada uno de los casos puede llevar a cargos de negligencia contra los que ayudan, por parte de las personas relacionadas. Especialmente en casos de suicidio, hay que agotar todas las posibilidades de ayuda existentes y tomar, preventivamente, las medidas adecuadas.

5

Modelos naturales
y vigentes

Después de considerar los aspectos espirituales e integrativos, podemos dar paso a lo que se ha realizado en materia de investigaciones científicas en las ciencias sociales, la biología, la fisiología, endocrinología, neurología y genética que, sin duda, enriquece el conocimiento del ser humano. Históricamente hablando, se les dio importancia a las teorías psicoanalíticas, de modo que comenzaremos por tal escuela de pensamiento. Posteriormente se fueron agregando otras maneras de ver la depresión, que también presentaremos seguidamente.

Modelos psicoanalíticos

En este modelo hay tres postulaciones básicas:

1. La depresión es vista como la pérdida del objeto de amor. La persona experimenta la separación y la rotura con aquel objeto que lo valida, es su razón de ser y le proporciona medios primarios de seguridad, de nutrición, aceptación y validez.
2. La agresión propia que se vuelca contra el ser mismo. El instinto entrópico, de agresión, se vuelve contra la persona misma en forma sádica, masoquista, con resultados devastadores. La energía destructiva termina en la depresión interna.

3. La pérdida de la propia estima. La incapacidad del *ego* en alcanzar sus ideales se transforma en desesperanza e insatisfacción. Tal reconocimiento del «yo» o ego, es el resultado consciente de las fuerzas dinámicas que actúan en el ámbito interno, entre el *id*, el superyó y las demandas del ambiente. Los ideales introyectados que no se realizan llegan a convertirse en agentes recriminadores del individuo, que inútilmente trata de escapar a su condición.

Tanto Freud como los que le siguieron, apuntaron a la depresión como algo neurótico y reaccionario a la dinámica interna. Se produjeron variaciones a las que los neoanalíticos como Jung, Adler, Fromm, Horney, Klein, Kohut y muchos otros dieron otro matiz añadiendo a las deliberaciones dinámicas aspectos sociales, dándole importancia al ego y a la psicología clínica, que no sólo abarcó los aspectos neuróticos, sino caracterológicos y psicóticos, vistos bajo situaciones de depresión profunda.

Modelos conductivos

La depresión es definida como resultante de varios factores. Entre éstos figuran:

1. Frecuencia reducida de refuerzos sociales.
2. Pérdida de la conducta reforzable.
3. Control nocivo, con sensitividad excesiva hacia los estímulos que señalan bien cierto castigo, bien cierta falta de recompensa.
4. Pérdida de la efectividad de los reforzadores o activadores de la conducta.

La insuficiencia de recompensas sociales o la carencia de refuerzos hace que la conducta deseable decaiga y que el sentir negativo aumente. La falta de refuerzos positivos y del acondicionamiento a través de vicisitudes negativas graban vez tras vez las asociaciones entre estímulos y respuestas inadecuadas. La privación de consecuencias o refuerzos adecuados, positivos y funcionales, hace que la persona experimente como consecuencia las variedades de conducta que se traducen en términos de sintomatología. El castigo, por una parte, y la privación, por otra, se combinan para proporcionar consecuencias adversas que se conocen con el término «depresión».

Además, el modelo que presenta la incapacidad aprendida, o la ineficacia adquirida a través de asociaciones adversas, alega que la depresión es el resultado de dejar de forcejear con la vida porque la persona aprende a no emplear conducta funcional para vivir bien. Seligman y sus asociados, trabajando sobre el tema de la incapacidad aprendida, dieron pautas acerca de cómo un organismo aprende a no forcejear cuando se percibe de la futilidad de sus acciones. Se experimentó con perros a los cuales se dieron *shocks* eléctricos dentro de una caja, previamente cerrada con una tapa. Al sentir las primeras descargas, el perro pelea insistentemente tratando de salir, una y otra vez, hasta que, tras varios ensayos más y diversos *shocks*, deja paulatinamente de forcejear. Por último, cuando ya ni se mueve al ser molestado, se destapa la caja retirando la tapa. Incluso con la caja destapada el perro sigue inmóvil en el interior de la caja, sin escapar, puesto que aprendió a ser indefenso. Del mismo modo, alegan los conductistas, aprenden los seres humanos a ser indefensos, incapaces e inconsecuentes contra las pruebas de la vida, con la resultante depresión. Si la vida ofrece muchas circunstancias incontrolables, la persona aprende a no forcejear.

En su teoría, Seligman propone que el individuo espera que algo nocivo o un estado drástico suceda, o que no existe la posibilidad de un estado óptimo y deseado. Tal individuo se ve sujeto a determinadas circunstancias, sin expectativa alguna de hacer algo para cambiar su situación. Su estilo de definir el significado es inapropiado, de manera que los eventos negativos son atribuidos a causas internas globales y estables, en tanto que los acontecimientos positivos se atribuyen a causas externas específicas e inestables. Cuanto más fuerte es su certeza acerca de sus estados nocivos esperados y sus expectativas incontrolables, mayor es su deficiencia cognitiva y motivacional. En esta tradición, desde Thorndike, Watson, Hull, Skinner hasta Seligman, con métodos más modernos, tratan de explicar la depresión a través de diversas formas de aprendizaje y naturalismo empírico.

Modelos cognitivos

En esta escuela de pensamiento, la depresión es el resultado de pensamientos, percepciones, atribuciones y jucios negativos que la persona realiza, con la consiguiente conclusión depresiva. En síntesis, los procesos cognitivos son: 1) pesimistas, y 2) distorsionados. Estos procesos –pensamiento, razonamiento, expectativas, percepciones, atribuciones, memoria, aprendizaje– experimentan aberraciones que dan origen a la depresión.

Los pensamientos negativos se solidifican en *sets* o en conjuntos o bloques, en moldes o clichés que actúan de forma automática y estereotipada, sin permitir la creatividad ni la flexibilidad en la utilización de estrategias contra el estrés, las pruebas o las vicisitudes.

Las expectativas del afectado pueden ser negativas, con la certeza que se espera ser desatendido, rechazado, castigado, etc., por otras personas. Al actuar bajo tales bases, la persona proporciona situaciones que permiten el cumplimiento de tales «profecías» autorreguladas y autopostuladas.

Si las percepciones son negativas y pesimistas, y las atribuciones dan a entender que la realidad es hostil, inadecuada, carente de refuerzos o castigadora, la persona distorsiona los hechos, la retroalimentación, los mensajes, las motivaciones y demás procesos que otros tratan de proporcionar. Las percepciones y atribuciones negativas que proveen significado a la realidad, representan procesos que proporcionan filtros a través de los cuales se miran las cosas. Si la persona sobreestima sus fallas y aumenta su negatividad y, al mismo tiempo, disminuye sus capacidades de solvencia y empleo de estrategias en la vida, dicha persona falla en ambos aspectos: no se da crédito y se desmerece. Minimiza sus éxitos y aumenta sus fracasos, atesorando en sus memoria únicamente los fallos y aspectos negativos de su existencia.

La memoria que atesora las imágenes y experiencias negativas se activa en las actuaciones pesimistas, es disparada, y responde a las oportunidades que suscitan ansiedad, proveyendo el trasfondo de actuaciones impropias, fallos, fracasos y castigos pasados. El aprendizaje en sí es negativo y distorsionado, con la consecuencia de experimentar la depresión una vez tras otra.

Entre los que proponen estas teorías figuran Ellis, Beck y Meichembaum, y muchos otros.

Modelos sociales

La situación social dentro de la cual el hombre se desarrolla, proporciona el marco de referencia para la interacción entre los rasgos de personalidad y la cultura, el contexto social. El «cosmos» y las corrientes del siglo atrapan, dan forma e influyen sobre el ser en desarrollo. Desde el nacimiento, la persona depende de otras para su subsistencia, validación, entrenamiento y desarrollo en general. Tal desarrollo es impregnado con experiencias cotidianas en las cuales las voces, mandatos, expectativas, refuerzos, castigos, ideales y demás pormenores de la socialización primaria son otorgados por aquellos que crían, socializan, enseñan, nutren y permiten la introyección de tales experiencias por la persona que crece.

Desde el autismo primario, hacia una simbiosis que luego termina en una diferenciación del ser dentro del contexto familiar, la persona experimenta cambios durante sus primeros años de vida. Las aberraciones durante este lapso temporal pueden desviar, amortiguar, torcer, arruinar, etc., el desarrollo normal y adecuado de la persona. El llegar a ser independiente, suficiente en sí, necesita de validación y encomio, de apoderamiento y refuerzo positivo en el avance hacia la madurez. Si las experiencias tempranas, o las del desarrollo de la niñez y la adolescencia, son impresas negativamente, pueden formar las bases sociológicas para el desarrollo de anormalidades emocionales.

La falta de sostén emocional, de seguridad, de encomio hacia un estado de bienestar, hará que la persona sea propensa a sentirse disminuida, menos de lo normal, acomplejada, con desilusiones y amarguras al no alcanzar un estado social deseado.

Bandura, entre otros, ha provisto muchos datos de investigación en cuanto al aprendizaje social, a la importancia de la observación de modelados de los que socializan, a las experiencias vicarias y a las variables sociales en general.

Teorías existenciales de la depresión

Según estas líneas de pensamiento, la depresión resulta cuando el ser humano, en su continua búsqueda del significado de la vida, descubre que su existencia ha perdido propósito y que carece de significado. Se basa en pensamientos filosóficos propuestos por Kierkegaard, Sartre, Heidegger, Jaspers y otros, además de Binswanger, May y Finch, entre los terapeutas que proporcionaron ideas en cuanto al sentir humano en angustia.

La sensación de estar separados, condenados a vivir libres pero sin saber el porqué del aislamiento, dolor y, entre todos los males, la muerte, esta escuela apunta hacia las luchas del individuo por encontrar significado a la vida a pesar de la vanidad. La lucha por ser auténticos, por realizar el potencial de trascendencia en libertad y amor, por tener «fe en fe» y ser propensos a tomar un «salto de fe» hacia el descubrimiento de la verdad en acción existencial, hace que la persona se enrede en sus deliberaciones profundas y termine en angustia, en ansiedad ontológica y en desesperación.

La depresión forma parte de la ontología del ser, de la existencia, y resulta difícil ser «combatida» por medios farmacoterapéuticos, por cambios simples de pensar o accionar. En esta escuela se necesita arrojarse hacia las profundidades del ser que busca significado, que es movido hacia una autenticidad y un logro de su entendimiento cabal del dolor, el sufrimiento, la angustia y la muerte. La capacidad de trascendencia, de fe y de libertad en amor, son posibilidades en la terapia existencial, que busca arraigar a la persona en su postulador, quien da significado a la vida debajo del sol.

Entre los pensadores cristianos, Finch figura como uno de los que alegan que la depresión es la falta de autenticidad de estar en Cristo, de vivir plenamente la vida con significado real, pero no descarta la posibilidad de encontrar significado aun en el dolor y el sufrimiento experimentados en la depresión.

Modelos biológicos de depresión

Como parte de la creación, el ser humano participa de los mismos elementos que constituyen el universo, con la participación de elementos esenciales, supeditado a leyes naturales y ecológicamente relacionado con su medio ambiente. El lenguaje poético de Génesis denota el hecho de que el ser fue formado del polvo, tomado de lo constituido, establecido y elaborado previamente por Dios. La participación divina marca la diferencia. El aliento de Dios, que participa de su vida y energía, de su Espíritu y su voluntad, hizo que el ser se constituya en trascendental sobre la materia creada, en virtud de su posición como participante de la imagen de Dios, de su capacidad de reflexión y abstracción, de su capacidad relacional con Dios, con sus semejantes y consigo mismo.

La capacidad para la historia y para la escatología forman parte de dicha trascendencia, ya que el ser no está encerrado en el presente ni supeditado a las presiones ambientales solamente, puesto que puede postular su posición «fuera del molde», más allá de las circunstancias vigentes, superando las vicisitudes que pudieran apresarlo. No obstante, es natural y crece de acuerdo a principios epigenéticos: es finito, mortal, decadente y sujeto a la entropía. Como entidad natural y desarrollablee dentro del cosmos, experimenta la depresión como resultado de trastornos, desequilibrios, distorsiones e influencias ambientales.

Entre lo activadores de la depresión, o las posibles causas relacionadas con la manifestación de sus síntomas, podemos considerar: 1) aspectos bioquímicos, y 2) aspectos fisiológicos.

Hipócrates ya observó, en el siglo IV a.C., que si se quiere estudiar al ser humano en cuanto a la ciencia de la medicina, se deben investigar las estaciones del año y qué es lo que ocurre con el cuerpo humano bajo tales circunstancias. También observó que había cuatro clases de secreciones internas en el organismo que se asociaban con el temperamento o el carácter de la persona. Entre los escritores cristianos contemporáneos, Tim LaHaye enfatizó las teorías hipocráticas asociadas con el temperamento humano.

En lo referente a la depresión, Hipócrates postuló que la bilis negra es la que produce aspectos depresivos en el ser humano. Entre los filósofos griegos, Aristóteles alegó también que la bilis negra, cuando se calienta, produce cierta alegría, acompañada de canto y frenesí, pero que con el frío desmedido produce morbidez y hasta conduce al suicidio.

Los filósofos y científicos antiguos, de manera precaria o primitiva, apuntaron hacia algo que la ciencia moderna está tratando de descifrar en nuestros días de modo más sofisticado: La bioquímica, la neurofisiología y la biología modernas tratan de investigar el papel que los neurotransmisores (sustancias bioquímicas con propiedades varias) juegan en la conducción de impulsos nerviosos que median las sensaciones, pensamientos y emociones del ser humano.

La hipótesis biológica fue postulada al observar que la

reserpina, una droga usada en el tratamiento de la presión alta, producía depresión en algunos pacientes. La reserpina es una sustancia que disuelve las vesículas protectoras de la serotonina y de la norepinefrina a fin de que éstas no sean degradables por otras sustancias (monoamino-oxidase). Los efectos depresivos de dicha droga sugirieron que la depresión puede ser causada por niveles bajos de las sustancias neurotransmisoras. Asimismo, otras investigaciones apuntaron al hecho de que las sustancias inhibidoras de la producción de los monoaminos suprimían la depresión producida por la reserpina. Una tercera observación se hizo con la administración de sustancias antidepresivas (llamadas «tricíclicas» por su constitución molecular, de tres aros de carbono combinados con hidrógeno), las cuales bloquean la retroalimentación de las sustancias neurotransmisoras en las simas sinápticas de los nervios. Al mantener niveles elevados de serotonina y de norepinefrina, se observaba el efecto terapéutico en casos depresivos. Baldessarini (1975) ha escrito en muchos artículos acerca de tales hipótesis, y de sus limitaciones en las aplicaciones, ya que se descubren nuevas sustancias y existen otras evidencias que cambian las interpretaciones generales en la materia.

Las consideraciones bioquímicas y fisiológicas abundan en este campo, ya que se han realizado varias investigaciones que apuntan hacia el papel desempeñado por ciertas sustancias en el cuerpo humano, especialmente a nivel cerebral. Como ya hemos mencionado, una teoría propone que la depresión representa síntomas de un sistema nervioso central defectuoso o alterado, con sustancias químicas que actúan en las simas sinápticas. Éstas responden a la vulnerabilidad genética del sistema nervioso central en la producción y transmisión de impulsos a través de agentes bioquímicos (neurotransmisores como la noradrenalina, la serotonina). Los trastornos bioquímicos debidos a acciones a nivel neurofisiológico molecular, tratan de ser corregidos con varias sustancias medicinales llamadas antidepresivas.

Entre los modelos biológicos se ha estudiado la depresión

estacional, relacionada con la ecología. Una lista bastante larga de personas que sufrieron depresiones estacionales incluye a artistas como Miguel Ángel; compositores como Hændel y Schumann; escritores como Milton, Poe, Hemingway y Virginia Wolf. Líderes políticos como Lincoln y Churchill también sufrieron de tales depresiones. Se estima que un 6% de la población de USA sufre de cierta depresión estacional, y que otro 14% sufre de formas más leves, asociadas con las estaciones cambiantes del año.

Los criterios que se aplican al diagnóstico correspondiente a la depresión estacional incluyen: 1) una asociación regular entre el principio de un desorden bipolar o una depresión recurrente y un período particular de 60 días —en USA y en países nórdicos, por ejemplo, corresponde a octubre y noviembre—; 2) una completa mejora o un cambio drástico (de depresión a manía) en un período de 60 días en el año —en USA y países nórdicos, desde febrero hasta abril—; 3) tres episodios de perturbaciones emocionales en tres años separados que demuestran la relación temporal estacional, dos de los cuales deben ser consecutivos; y 4) los episodios estacionales superan a las perturbaciones emocionales no estacionales por un margen de tres a uno.

En ocasiones, síntomas atípicos aparecen en la depresión estacional con hipersomnia, aumento de apetito, subida de peso, fatiga, combinados de forma poco común en depresiones mayores. También personas con tal depresión sufren mareos diurnos, ansias de ingerir carbohidratos, factores que aparecen comúnmente en desórdenes de sueño o en condiciones tales como anorexia-bulimia. Las mujeres aparecen en mayor número (4:1) en esta clase de depresión.

Se sospecha que la melatonina (sustancia bioquímica) es suprimida por la luz brillante diurna. Esta sustancia regula muchos ritmos biológicos en animales. Las avenidas neurológicas que se relacionan con la conducción de los impulsos que suprimen la secreción de melatonina atraviesan zonas en el cerebro que se vinculan a la regulación de varias funciones que son alteradas en condiciones depresivas, tales como el apetito, el sueño, el control de peso y el deseo sexual. La melatonina es producida por la glándula pineal; cada noche, como un reloj, la secreción de tal sustancia a través de la corriente sanguínea se efectúa hasta la madrugada. Dicha secreción señala la duración de la oscuridad y sirve como indicador interno en el ritmo biológico en los animales. No se sabe si este mecanismo funciona de forma similar en los humanos, pero tales investigaciones proporcionaron las bases para el descubrimiento de la terapia basada en la exposición a la irradiación de luz brillante en el tratamiento de esta clase de depresión.

Como ya se ha visto, ciertos aspectos que originan la depresión tienen sus bases biológicas, juzgadas como subyacentes a los síntomas cognitivos, afectivos y conductivos. Aunque no se puede especificar cuánto es el aporte de la biología, de la fisiología, la física y la química envuelta, se da por sentado que en forma endógena tales variables entran en juego.

Síntesis

En síntesis, la pregunta acerca de cuál modelo es el mejor, el verdadero o el más adecuado no es apropiada, puesto que la depresión es una entidad compleja. Este fenómeno debe ser visto de manera global.

Con el fin de tener cierto entendimiento, la persona que busca ayudar a un depresivo debe tener en mente por lo menos la complejidad de cada caso. De forma práctica debe mantenerse una visión global, con cierta intuición sintética. Por ejemplo, muchos de los modelos mencionados están relacionados con temas, principios y categorías tales como la separación o la pérdida de algo significativo.

La teoría psicoanalítica alega que la depresión es la realización de la pérdida del objeto de gratificación, sostén, nutrición y amor. En segundo lugar, presenta la depresión como el resultado de la pérdida de la propia estima. La psicología cognitiva recalca el papel que los pensamientos, razonamientos, percepciones, juicios y pronunciamientos negativos y distorsionados juegan en el desarrollo de la depresión. Tales procesos aparecen como la pérdida de la capacidad positiva, productiva, optimista y proactiva de la persona.

La escuela conductista enfatiza aspectos que dan a entender que la depresión puede ser definida como la pérdida de refuerzos positivos, de logros y de consecuencias esperadas y deseables, con las consecuencias negativas reforzando una conducta que se torna inepta e insaluble. La depresión es la ausencia de tales posibilidades, metas, logros, recompensas y refuerzos positivos.

En el pensamiento existencial, la depresión es la pérdida de significado en la vida. La separación del individuo de aquello que le da valor y razón de ser, termina en angustia, aislamiento, terror e incertidumbre. La depresión es innata en tales casos, y se puede denominar «depresión ontológica».

En la investigación biológica, la depresión es la pérdida en el organismo de su capacidad de transmitir impulsos neuropsicológicos de forma adecuada, con la pérdida de la capacidad de equilibrarse a sí mismo, con trastornos y producción indebida de ciertas sustancias bioquímicas al mismo tiempo que falla en producir otras.

A la síntesis de los modelos naturales agregamos las consideraciones espirituales como anticipo del capítulo próximo. En el pensamiento del autor, la depresión es vista como una pérdida mayor:

a) En sentido natural, es la pérdida del equilibrio o del balance bioquímico, reflejado en la fisiología y en las actividades distorsionadas y desequilibradas de los procesos conductivos, emotivos y conductivos. Es la pérdida de la capacidad de efectividad propia en el manejo del estrés de la vida, de las peripecias o vicisitudes cotidianas de la vida debajo del sol.

b) En sentido espiritual, es la pérdida de la experiencia de bienestar y paz, de gozo y tranquilidad debido a la percepción, a la sensación y a la experiencia de separación entre la persona y Dios, a causa de la activación de la perspicacia espiritual, la conciencia y la revelación acerca de la naturaleza humana y las demandas divinas.

c) Considerando particularmente el asunto, es la experiencia de la pérdida de la capacidad de hacer la voluntad de Dios, con la consiguiente culpabilidad y vergüenza, tristeza, pesar y agobio que acompañan la percepción y sensación de tal incapacidad.

d) También es la experiencia de la pérdida de comunión, la ausencia de la certidumbre de relación positiva con el dador de vida, de nutrición. Es la percepción de lo inadecuado del existir humano separado del postulador de significado y razón de ser.

Tales expresiones no son exclusivas, sino representativas del ámbito en el cual se han forjado. Se trata de explicaciones lógicas, deducidas o razonables, siendo complementarias a las explicaciones de índole biológico, social, analítico, cognitivo o conductivo, sin desmerecer a las tales. En cuanto a postulados más categóricos o axiomáticos, tales consideraciones son derivadas de bases filosóficas y teológicas.

6

Consideraciones espirituales acerca de la depresión

En este capítulo tratamos de la depresión desde un punto de vista espiritual. Así como fue dicho: «No sólo de pan vivirá el hombre, sino de toda palabra que sale de la boca de Dios», se puede recalcar el pensamiento que señala que el ser no es simplemente bioquímica compleja y resultado de fuerza cósmicas, sino también imagen de Dios y ser espiritual con significado, origen y destino: ser y devenir enfocado en el prototipo de perfección humana presentado por Dios en su Hijo como Verbo encarnado. Las distorsiones y aberraciones presentes en el ser dan lugar a estructuras, procesos y eventos cognitivos, emocionales y conductivos que denotan la carencia de perfección, de salud.

Entre las personas que escribieron acerca de la depresión como estado espiritual, Lloyd-Jones (1965) ha enfatizado las causas y la curación desde el punto de vista bíblico-teológico. También Tournier dedicó esfuerzos hacia el entendimiento de tal problema. Hart (1979, 1984) ha dedicado esfuerzos hacia el entendimiento integral de la depresión, con aspectos prácticos en sus escritos. En las siguientes páginas, el autor presenta aspectos integrales tomados desde el punto de vista de la antropología bíblica, de la psicología clínica y de la experiencia en sus tratos profesionales con numerosas personas deprimidas que se acercaron a la búsqueda de soluciones desde el punto de vista espiritual cristiano.

Consideraciones básicas

La depresión es percibida por el autor como un conjunto de síntomas –o como un estado del ser– manifestados en forma fenomenológica, existencial y práctica en relación a la sensación de ciertas pérdidas. Tal apercibimiento aparece como un entendimiento tácito de la consecuencia de la separación entre un ideal esperado/postulado/entendido personalmente y la realidad experimentada. La separación puede ser analizada inter-subjetivamente como una pérdida de la relación primordial entre la persona y Dios, o con la pérdida de la posibilidad de una condición postulada como perfecta. En tal condición, la comunión, la armonía y la capacidad de conexión con Dios permiten la posibilidad de adquisición, la experiencia y el reflejo de los atributos del postulador. Tales aspectos se descartan en los estudios naturales, empíricos, científicos y humanistas, por no atenerse a las bases naturales del cosmos.

La capacidad de administración de facultades y actualización de potenciales humanos derivados y anclados en la Palabra, la presencia y el poder de Dios entra en la definición de relación armoniosa con Dios. La rotura de tal condición y la privación de tal estado aparecen como consecuencia de «la caída», incurrida por los progenitores de la raza humana. Detrás de tales prototipos, la desobediencia y el pecado han sido características innatas de toda persona. El pecado produjo la separación original, dando comienzo al «momento de fuerza» humano a través de las edades. Tal ambiente o contexto (cosmos) atrapa a la persona, que nace y se desarrolla de forma natural, sin apercibirse de su condición de separación. El pez no sabe lo que significa estar mojado.

Consideremos por un momento el ejercicio natural de las personas empíricas, humanistas y científicas que tratan de explicar las cosas desde el punto de vista debajo del sol, dentro del cosmos. Imaginémonos por un momento, que estamos dentro de una pelota de fútbol gigante, caminando por dentro, dando vueltas de manera solipsística y sin escape. Fuera cual fuese nuestro deseo y rumbo, terminamos por trazar una infinidad de avenidas dentro de tal esfera sin lograr salimos de nuestra intersubjetividad. Muchas veces terminamos donde empezamos, y concluimos con Eclesiastés: «Vanidad de vanidades, todo es vanidad debajo del sol.» Nuestros ejercicios en futilidad reflejan nuestras maneras atrapadas de pensamiento autístico y sin escape. Sin embargo, la fe cristiana permite que Dios irrumpa la esfera y dé pautas reveladoras en cuanto al origen, destino y propósito de la vida dentro del cosmos. El invitar lo trascendental a lo natural permite otro punto de vista, otra antropología y otras maneras de postular causas y efectos debajo del sol. También permite la atribución de otro significado a la existencia.

En la actualidad, si cada persona que nace en su condición pecaminosa se examina introspectivamente y da lugar a la honestidad intrapsíquica, puede llegar a reconocer su incapacidad de perfección, de administración cabal de sus potencialidades y de la actualización de las tales. Si tal percepción propia se compara con otras personas en el medio ambiente, el resultado es un ejercicio en intersubjetividad sin un patrón o modelo absoluto. Todas las consideraciones se realizan en forma relativa a la socialización y a los esquemas existentes en el mundo que rodea a la persona. En el plano natural de la existencia, la capacidad de relación entre la persona y su postulador no se experimenta ni se asesora «por naturaleza». En tal condición, las personas no llegan a conocer a Dios ni a las cosas de Dios, porque las tales necesariamente demandan la afinidad espiritual. En el plano natural, todas las explicaciones acerca de la depresión forzosamente siguen el rumbo empírico, físico, biológico, social y psicológico. Cuando se alega acerca de cierta «espiritualidad», es de forma existencial, esotérica, global o humanista que trata de imitar un misticismo panteísta. A veces se reverencia «un poder mayor» agnósticamente definido. En tales casos, el descartar a Dios hace que lo dicho por el profeta se cumpla: «Dejáronme a mí, fuente de aguas vivas, y se cavaron para sí cisternas rotas que no retienen agua.»

Definición sustancial del ser

Entre las personas cristianas se postula el estado de ser ontológicamente, con definiciones sustanciales y relacionales. En cuanto a sustancia o «esencia» del ser, se cree que la persona adquiere o posee características derivadas de su Creador, en términos de conciencia de sí misma, del cosmos dentro del cual se desarrolla y de Dios, quien postuló su existencia. Además, se postula su autodeterminación y libre albedrío. También se piensa en términos de la capacidad de raciocinio y de sensibilidad. La definición incluye el desarrollo de una mayordomía ética y moral de la existencia. La persona «posee» o manifiesta características que denotan amor, gozo, paz, paciencia, bondad, benignidad, fe, mansedumbre y templanza, entre otros aspectos del fruto del Espíritu.

Una de las maneras de estudiar la personalidad es enfocando sobre sus rasgos o características definitorias. En este caso, se observaron unos treinta mil términos que describen al ser (Allport, 1936). Tales adjetivos, calificativos, nombres, etc., pueden ser sintetizados en unos mil factores. Esos factores, a su vez, han sido analizados empíricamente y traducidos a unos pocos, con tres o cinco pares de polaridades descriptivas, o diez, dieciséis o veinte factores, según los investigadores (Eysenck, Miller, Catell).

Los rasgos sustanciales que definen a la persona pueden incluir aspectos depresivos. Muchos estudiantes de la naturaleza humana recalcaron el hecho de enfrentarse a un ser con tendencias mórbidas, con instintos destructivos –tanatos, según Freud–, sujeto a la entropía y a sus deseos desordenados –id., subconsciente, según Freud–, a su «sombra» –según Jung– y a su agresividad introyectada. Los pensadores existencialistas enfatizaron los aspectos mórbidos, el terror/angustia o el *angst*, el miedo a la muerte y a los aspectos depresivos como condiciones humanas ontológicas universales (Binswanger, Boss, May).

Por otra parte, entre los psicólogos que se dedicaron al

estudio de la personalidad en forma positiva, Allport figura como un pionero que recalcó la importancia de estudiar al ser humano en su idiosincrasia, como único y en manera idiográfica. Enfatizó tres clases de características o rasgos (*traits*) que describen o denotan a la persona: los rasgos cardinales, los primarios y los secundarios.

Los rasgos cardinales son como una especie de bloques fundamentales, características esenciales de la persona que definen al ser en su manera más básica, ontológica o sustancial. Los rasgos primarios son aquellos que aparecen como característicos en los papeles cotidianos que la persona desempeña, y que pueden representar aquellas descripciones que figuran en una buena carta de recomendación. Son rasgos que denotan las actuaciones principales, entre muchas otras, de la persona. Y, por último, los rasgos secundarios son aquellos que aparecen como añadiduras, idiosincrasias particulares y espontáneas, eventuales o circunstanciales que aparecen como manifestaciones del ser, sin necesariamente ser expresiones ontológicas sustanciales.

La persona o el ser puede dirigir sus esfuerzos hacia la autonomía funcional de su existencia, sin ser atrapado por su pasado o sus fuerzas inconscientes, para desarrollar un proceso de «devenir» o «llegar a ser» el que debe ser. Las fallas de tal proceso pueden ser descritas como patológicas, donde cabe la depresión.

Rogers y Maslow también figuran entre los que enfatizaron la sustancialidad positiva del ser humano, con capacidades de realización y actualización de potenciales. En tales casos, la depresión es falta de realización o falta de actualización.

Definición relacional del ser

En la definición relacional de su estado de ser, aparte de poseer ciertos atributos que reflejan el *Imago Dei*, la persona tiene la capacidad relacional. Aunque fue creado en el sexto día y tiene mucho en común con el resto de la creación natural, sujeta a las leyes del cosmos, se le ha invitado a participar de la comunión con Dios. El ser humano comienza su existencia invitado por Dios a la participación de su descanso. De allí deriva su ser, su significado, su rumbo y destino. El ser humano deriva de Dios su vida de libertad, de comunión, de amor y de significado, no siendo una entidad autónoma o aislada, sino siempre en relación.

De los estudiantes de la naturaleza humana, Sullivan figura entre aquellos que enfatizaron los aspectos sociales de la personalidad. No sólo aspectos ontológicos sustanciales, sino las relaciones sociales dan forma al ser. No sólo los principios epigenéticos, sino también los aspectos culturales y ambientales forman las estructuras, procesos y funcionamiento del ser. La depresión puede ser vista de manera relacional, de acuerdo a las formas de conducirse en los aspectos sociales íntimos y generales. Los pensamientos, razonamientos, las percepciones, memorias y el aprendizaje nunca ocurren en un vacío, sino siempre en contextos sociales. Las emociones y los sentimientos se expresan sólo en relación, o se generan debido a las relaciones con objetos desde el nacimiento y el desarrollo en contexto social. Las fallas en alcanzar significado, comunión, reciprocidad o satisfacción en relación a otras personas se reflejan en aspectos depresivos. Las maneras en que el ser manifiesta su patología o su carencia de paz, bienestar, gozo o estabilidad en sus relaciones humanas revelan su capacidad o incapacidad para sobrellevar cargas, utilizar recursos y establecer equilibrio social. El ser se define no sólo sustancial u ontológicamente, sino también relacionalmente.

La depresión ontológicorrelacional

La depresión, ontológicamente hablando, es la pérdida de los potenciales de actualización del estado de ser (sustancial o relacional) a causa del pecado. El pecado, aquí, se define como «errar el blanco», y también como «transgresión a los dictados de Dios». Es decir, cuando la persona no se ubica dentro del marco de referencia divino, no se asesora de sus límites ni avanza hacia la dirección propuesta por Dios, yerra el blanco. Cuando, por hacer su propia voluntad, «pisa la raya» trazada por Dios, transgrede su voluntad. En tal caso se acarrea la separación, la derrota, la degradación ética o moral, y se aísla de la fuente de su ser. No puede lograr la felicidad por cuenta propia, y se apercibe de su incapacidad actual de logro de bienestar, gozo o satisfacción. La pérdida del objeto divino hace que la persona se percate de la pérdida de su propia estima, ya que su valer provino de Dios.

Tal depresión se experimenta en la esencia del ser, que se apercibe de su vacío, de su carencia de establecimiento sobre su base ontológica en relación a su postulador. Si el ser es derivado, al no conectar con su fuente de significado real, es expuesto a las vicisitudes «debajo del sol» en el sistema solipsístico o autístico, ego-ísta y autopostulador de su angustia existencial. La negación de tal estado hace que el ser humano se desviva en alcanzar significado por su propia cuenta, cayendo en sus artimañas, estrategias y defensas naturales. La negación de la entropía, de la finitud, de la muerte, hace que los esfuerzos heroicos del ser se manifiesten en sus actuaciones significativas, abnegadas, humanitarias, trascendentales, o en sus afanes inmortales. Trata de quedar registrado en los anales de la historia como «alguien» detestando ser «común» o inconsecuente. Cuando no logra sus objetivos, cuando no realiza sus sueños, cae en el desánimo, en el terror de su condición precaria, mortal y depresiva.

El cosmos, en manera conjunta, trata de proveer patrones, moldes y estrategias con «significado», a fin de prestar niveles de asesoramiento a los interesados en comparaciones horizontales con sus semejantes que también luchan, se desviven por alcanzar algo heroico, noble, fuera de lo común o inmortal. Aparte de Dios, las personas necesitan tales patrones a fin de proporcionar significado a la vida debajo del sol. Aquellos que creen en su arraigamiento en Dios, en su condición derivada y en su ser definido ontológica-relacionalmente por Dios, y avanzan hacia su prototipo de fe, son exhortados: «Para mí el vivir es Cristo, y el morir es ganancia.»

Mecanismos de activación de la depresión

La falta de iluminación o perspicacia espiritual

La persona que experimenta la depresión y no se apercibe de la activación de su conciencia, de su introspección o de su análisis propio, pero puede reconocer sus síntomas o su estado vacío, funciona al nivel de la «subcepción». Definimos como «subcepción» el proceso de apercibimiento en el umbral de la capacidad de sensación y percepción, apareciendo como un aspecto subliminal y sin el suscitado de respuestas a los estímulos que evocan tal proceso. Es una especie de apercibimiento emocional para el cual no aparece un etiquetado cognoscitivo directo. Es decir, se asesora de cierto sentimiento, pero sin la actual categorización intelectual o sin el procesado consciente de ello. Llegado a este punto, ni sabe por qué se siente así. Sus pensamientos, razonamientos, percepciones, juicios y memorias llegan a ser activados, redargüidos y tratados por Dios, pero la persona no necesariamente es consciente de ello.

A este nivel, se postula que: 1) existe una coparticipación activa entre su subconsciente, sus ideales mayores y sus deseos de transformación mental; 2) existe una condición que ontológicamente puede definirse (en términos de pérdidas de actualización de potenciales y de autenticidad, libertad, paz, amor), pero que existencialmente y fenomenológicamente no se experimentan ni se definen por la persona deprimida.

Si la persona nunca experimentó una conversión, ni las consecuencias de cierta resocialización bajo los auspicios del Espíritu, la Palabra de Dios o la comunión de la Iglesia, tal persona puede tener ciertas ideas acerca de su «espiritualidad» en el sentido esotérico, o estar anclada en otras filosofías no cristianas, panteístas, místicas o trascendentales. En tales casos, la persona acude a sus esquemas y definiciones, a sus filosofías y estrategias para lograr encontrar un significado a su depresión. Sin embargo, desde el punto de vista cristiano, tal persona, a pesar de su búsqueda, de sus definiciones y estrategias, carece del elemento de afinidad espiritual logrado a través del camino trazado por Jesús, quien reclamó ser el redentor y restaurador de la condición de separación y pérdida ante Dios.

La perspicacia espiritual, la subcepción y la percepción

Cuando la persona es iluminada por la activación del Espíritu de Dios, o cuando activa su conciencia (sea que se la denomine por superyó, introyecciones de voces socializadoras o imagen propia ideal), se suscita la percepción de la pérdida de las capacidades de ser auténticamente libre, de vivir en paz consigo mismo, y de la sensación de bienestar. Tal sensación de pertenencia de capacidades innatas y relacionales es experimentada ontológicamente (el ser pecador es ser deprimido y ansioso), pero también se define existencial y fenomenológicamente. La persona «sabe» que está depresiva. Es como si una dimensión «vertical» se hiciera notar, con la consiguiente sensación de vacío, ineficacia propia, falta de autenticidad y de significado profundo en la vida. Como consecuencia, el ser que actúa se da cuenta de su incapacidad de perfección. La reflexión cognitiva termina en conclusiones negativas («yo pienso, por lo tanto soy deprimido». La sensación emocional («yo siento, por lo tanto soy deprimido»), si es iluminada por lo absoluto de Dios, reconoce la incapacidad de sentir gozo aparte de la presencia de Dios y su comunión.

La persona tiene una sensación de depresión (subcepción); luego, a través de la perspicacia, del sondeo introspectivo, de la afinidad con su fuente de iluminación (el Espíritu Santo) se asesora, es redargüida, contrita y reconoce cognoscitivamente su condición (percepción, atribución de significado a la realidad). En tal estado, las opciones existen: Es posible el reconocimiento de la comunión con Dios, quien otorga presencia, palabra y poder con gracia; de la misericordia y del perdón divino que acarrea paz, comunión y restauración. Por otra parte, es también posible el autocastigo con autoexpiación y negación de las ofertas de gracia y perdón. Por un lado, se tiene la fe que obra a favor del que reconoce su condición y sale de ella en virtud de su confianza en Aquel que lo «saca del hoyo, del lodo cenagoso y pone sus pies sobre la roca». Y, por otro, se tiene la incertidumbre y las dudas que dan lugar al desasosiego y a la morbidez.

Los pensamientos vertidos en estas páginas recalcan que la depresión ontológica se basa en la pérdida de la condición de perfección o de la capacidad de ser y hacer lo que Dios diseñó. Tal modelo apunta a las pérdidas que siguen a la brecha original: Al pecar se pierde la amistad, la comunión, la paz, el gozo, el control o la administración propia, la capacidad de vivir en perfecta armonía, en amor y conocimiento. La pérdida de estima, de posición, de seguridad futura, de refuerzos positivos en relaciones mutuas, hace que la falta de esperanza, de fe, de seguridad, de *status* ante Dios, se experimente como una depresión ontológica, económica, fenomenológica y circunstancial.

La interacción entre la perspicacia y el Espíritu

Los mecanismos causativos se postulan como la interacción de la percepción humana iluminada, redargüida, incitada o desafiada por la Escritura, el Espíritu con sus ideales de perfección, capacidad y actualización. El consiguiente sentir aparece como consecuencia de asesorar, evaluar, juzgar y administrar cierto autocastigo interno. El pecar de una persona, la activación de la conciencia, el redargüir del Espíritu, la activación de comparaciones contra modelos perfectos, absolutos e ideales, hace que se suscite el sentir y se experimente vez tras vez la condición de estar separados, sin seguridad ni satisfacción.

La depresión en este modelo es:

1) La sensación cognitiva-emocional de culpabilidad, tristeza, vergüenza, ansiedad y de angustia que se experimenta como resultado de la pérdida (aparente, transitoria) del objeto divino, suscitada por el accionar consciente que se asesora de las discrepancias con el prototipo propuesto por Dios.

2) El vacío espiritual, experimentado como síntoma o conjunto de síntomas globales que aparecen como consecuencia de:

    a) la activación del consciente racional que asesora tal pérdida;

    b) las demandas del subconsciente que de forma profunda, básica e intuitiva reconoce la separación, la carencia de perfección personal y de comunión interpersonal a nivel ontológico aun sin tener pormenores concretos de pecados en particular (subcepción, apercepción).

3) La manifestación de rasgos depresivos derivados de las características cardinales, de los rasgos ontológicos sustanciales o de las estructuras fundamentalmente tratadas por Dios con su Espíritu en coparticipación con la persona en su resocialización tras haber nacido para Dios, cuando los tales se basan en las percepciones del vacío espiritual mencionado. O las sensaciones cognitivo-afectivas que de manera aparente y transitoria se aperciben de la rotura de paz, bienestar o comunión.

Se menciona «aparente» y «transitoria» la pérdida del objeto divino, ya que, fenomenológicamente hablando, la persona «siente» que Dios esconde su rostro, que las oraciones no llegan a su meta o que Dios no está dispuesto a responder al llamado de comunión. Bíblica y teológicamente hablando, Dios es inmutable, fiel y presente. Nunca cambia y obra en gracia soberana, unilateral e incondicionalmente. En tal caso, no cabe la idea de «traer» su presencia ni de «fabricar» la sensación de comunión, ya que es la distorsión humana y las aberraciones cognitivo-emocionales de la persona las que no permiten ver que Dios está allí, siempre listo para la interacción en amor y comunión. La depresión es la falla humana de reconocer, actualizar, despejar barreras o abrir los ojos de la fe y del corazón, experimentar la Palabra, la presencia y el poder de Dios.

Aclaramos aquí que no se trata de presentar una idea simplista que alega que «la depresión es culpa del pecado» (aunque técnica y teológicamente se puede reducir a tal juicio global y axiomático), sino de explorar modelos básicos ontológicos. Si la esencia del ser es ser arraigados en Dios, quien postuló a la persona, cabe decir que si la base es destruida o negada, la incapacidad humana aparece como propensa a experimentar las aberraciones al plan divino.

La depresión puede ser resultado del pecado si:

1) La causa de la misma es pecaminosa. Por ejemplo, una persona se deprime ante la pérdida de un amante extramarital; otra persona experimenta la pérdida de la propia estima debido a su negligencia en la atención a los aspectos cotidianos de manutención de salud mental y espiritual.

2) Existe negligencia en la atención al tratamiento de la misma. Si se rehúsa dar los pasos necesarios para sentirse mejor o se rechaza la ayuda de personas bienintencionadas y sustentadoras.

3) Si se descarta la ayuda de Dios en el asunto, dudando de su presencia, de su poder o de su Palabra fiel.

Integración de aspectos espirituales y naturales

El punto de vista espiritual no descarta aspectos biológicos de la depresión, ya que a consecuencia de la caída no sólo las personas, sino también la naturaleza está sujeta a vanidad, a la entropía, y necesita redención o restauración. El haber sido «creados en el sexto día» hace que el ser humano tenga mucho en común con el resto de la creación. Toda persona, siguiendo líneas naturales, físicas, biológicas, químicas o electromagnéticas, está sujeta a las leyes naturales, a los acontecimientos que en solidaridad ocurren debajo del sol a toda criatura. Si se arroja del Empire State Building al mejor de los creyentes santificados, caerá a tierra en la 5ª Avenida con una velocidad de 9,81 m. por segundo al cuadrado. De la misma manera, si las leyes naturales de genética que median la transmisión de anormalidades se aplican, no se descarta el hecho de que la depresión puede resultar de tales factores aun entre los cristianos espirituales que oran, leen la Biblia y se comportan ética y moralmente bien.

Tampoco se descarta el acercamiento psicológico ni social, ya que forman parte de lo creado. En cuanto a estructuras sociales y familiares, se trata de asesorar cómo entran éstas en relación en un mundo caído, desobediente a los dictados de Dios, con capacidades e incapacidades en cuanto a socialización adecuada. Se trata de indagar acerca de las experiencias emocionales que forjan la personalidad de los que nacen y crecen en ambientes familiares y sociales irredentos o redimidos pero sin alcanzar madurez ni perfección.

La antropología bíblica y teológica es necesaria para dar un marco de referencia a la capacidad humana para el pecado y para la obediencia a la fe, para la historia pasada y para la trascendencia hacia el futuro. Tanto el pasado como el presente y el futuro pueden afectar en el caso de la depresión. La persona puede tener causas antecedentes en su pasado (biológicas, sociales, catastróficas, emocionales, etc.) que se arrastran hacia el presente, se filtran o inmiscuyen en el obrar diario, no permitiendo una vida de gozo, paz y bienestar. Por otra parte, el futuro puede afectar, en cuanto a percepción, visión inadecuada, con ansiedad e incertidumbre, deprimiendo a la presona. El presente también ofrece oportunidades para tal condición, con situaciones de crisis, desasosiegos, pruebas, estrés, etc.

El sondear acerca de la capacidad (e incapacidad) humana, proporciona bases espirituales bíblicas para investigar cómo se logra descubrir principios, desarrollar estrategias y estilos de vida y conducta que venzan la depresión, si ésta se presenta como proveniente de fallos, equívocos, falta de fe, de paz, de comunión, de trascendencia o cualquier otra variable considerada de tinte espiritual.

7

Asesoramiento del trasfondo y del estado mental

Durante los contactos iniciales, se trata de recoger los datos importantes y asesorar la condición de la persona en su contexto. A tal propósito recalcamos la necesidad de formular cierta especie de historia y ubicar a la persona dentro de un contexto funcional.

Trasfondo contextual

1. *El problema presente*

Tomar en cuenta las descripciones de la depresión verbalizadas, desplegadas, insinuadas o directamente sufridas por el afectado. Notar la intensidad, el alcance o despliegue del problema en términos personales. Asesorar los síntomas descritos en capítulos anteriores, como las perturbaciones del apetito, el sueño, el deseo sexual, las relaciones personales, los procesos cognitivos y afectivos.

El enfoque puede abarcar el asesoramiento de los síntomas en sí de la siguiente manera:

– Tristeza
– Pesimismo
– Sentido de derrota personal

77

- Falta de satisfacción personal
- Desprecio propio o despecho personal
- Acusación propia
- Sentido de culpabilidad y de vergüenza
- Grado de distorsión perceptiva
- Grado de autocastigo o expectativa de condenación
- Llanto espontáneo involuntario
- Nivel de pensamientos suicidas
- Nivel de ira o enojo manifestado
- Nivel de ira almacenada, enojo reprimido o internalizado
- Falta de decisión
- Fatiga, letargo o falta de energía
- Retardación o aceleración motriz
- Hábitos nocturnos: insomnio o hipersomnio
- Hábitos comestibles: anorexia o bulimia
- Pérdida de peso en los últimos dos o tres meses
- Preocupaciones corporales: dolores de espalda/cabeza, etc.
- Problemas con la memoria
- Problemas en atención y concentración
- Sentido de abandono espiritual
- Sentido ontológico de angustia o falta de perfección

Teniendo en cuenta estos factores específicos, se debe estudiar el grado global del problema, ya que tales manifestaciones son expresiones obvias correlacionadas con la depresión en general.

2. *La historia del problema presente*

Formular y anotar una especie de sumario cronológico del desarrollo del problema. Los síntomas descritos y la naturaleza e intensidad de los conflictos necesitan un trasfondo: Notar el desarrollo en relación a cuándo comenzaron, cómo toman las formas presentes y qué factores entraron en juego.

Analizar los episodios previos que la persona haya tenido, el desarrollo de acontecimientos y la resolución de los estados depresivos en el pasado. Qué estrategias se utilizaron, qué recursos tuvo el afectado y cómo trabajaron en su caso. Averiguar si la persona fue hospitalizada por asuntos emocionales, psicosomáticos.

Examinar la historia de los hábitos personales, pues en algunos casos las drogas y el alcohol han formado parte de los problemas depresivos, sea causándolos, manteniéndolos, o que la persona pensó en utilizar tales medios para resolver momentáneamente sus problemas.

Notar las tendencias hacia la negación de dichos problemas, hacia la racionalización de los mismos o hacia la exageración de las circunstancias o síntomas. Observar la actitud de la persona hacia sus problemas y ver qué clase de percepción y uso de los mismos se hace presente. A veces, hay que ver si el problema no tiene ciertas «ganancias secundarias». Es decir, ver si la persona no utiliza sus males en forma funcional, negativa, para manipular o controlar a sus semejantes.

3. *Historia personal*

En muchos casos, esta categorización ni siquiera es posible debido a la crisis o a la necesidad de atención inmediata de la persona. Parecería ridículo tratar de indagar un sinnúmero de datos que, en vista de la depresión honda y suicida, son relegados y puestos a un lado porque la situación es apremiante y demanda otra clase de intervención. Sin embargo, si el caso va más allá de unas pocas sesiones de ayuda, se puede compaginar más adecuadamente una historia personal-social a fin de realizar un mejor trabajo.

Es recomendable elaborar una síntesis de la historia personal no abarcada en la categoría anterior, pero que pudiera ser importante en el entendimiento del problema. Se puede hacer un recuento cronológico, aunque tales datos raramente son proporcionados de manera sistemática. Sólo aparecen así cuando la persona que extrae información y la categoriza en forma lógica, cronológica y analítica la pone en cierto orden.

Las posibles áreas aparecen de la manera siguiente:

a) *Infancia*. Lugar y condiciones de nacimiento. Cualquier situación peculiar en el parto, en el clima emocional de la familia, puede ser importante. Número de personas ya presentes en el hogar, y relación con la persona nacida. Eventos específicos, como el entrenamiento del control de las necesidades de orinar/defecar; a qué mes se sentó, paró y caminó. Cuándo comenzó a hablar. Cualquier discontinuidad debida a rupturas en el hogar, a la falta de cuidado o pertenencia emocional.

b) *Niñez*. Si es apropiado, notar las enfermedades, las hospitalizaciones y los problemas físico emocionales a tal nivel. Relaciones entre la persona y sus hermanos/as, y con sus padres. Cualquier evento que afectase al hogar (separaciones, divorcios, muertes, traslados de un lugar a otro, etc.). Notar cualquier dificultad piscológica reportada: tartamudez, terrores nocturnos, ansiedades, pesadillas, etc. Notar en qué forma la persona fue tratada a ese nivel, si hubo denigraciones, insultos, sobrenombres negativos, etc. Registrar la reacción a la disciplina paternal y de otras autoridades, si fue excesivamente reactiva agresiva, o pasiva y obediente. Notar si hubo independencia o dependencia excesiva, para ver el desarrollo de la personalidad y sus mecanismos de defensa.

c) *Adolescencia*. Examinar la preparación preadolescente en cuanto al entendimiento de los problemas de la vida, la sexualidad, las relaciones, las responsabilidades sociales y cómo se efectuó el comienzo de la adolescencia. Sondear acerca del control de los impulsos, de qué manera resolvió esa persona sus agresividades, frustraciones y desavenencias. El acomodo hacia las exigencias paternas y maternas puede arrojar cierta luz en lo referente a su funcionamiento emocional; las relaciones con otros miembros de la familia, con amigos de la escuela, de la iglesia y de la comunidad pueden darnos pautas de los círculos entre los que la persona desarrolló y formó sus valores y actitudes. La calidad de relaciones interperso-

80

nales, especialmente con el sexo opuesto, también revela aspectos del desarrollo de personalidad y de defensas.

d) *Madurez*. El énfasis es hacia el establecimiento de la independencia emocional, financiera y la planificación de su vida en manera funcional. Las percepciones propias, las relaciones interpersonales y el desarrollo de su ocupación o su carrera, pueden marcar pautas acerca del éxito, las frustraciones, las desilusiones o la amargura que puede resultar de tales factores.

El desarrollo de los procesos cognoscitivos, afectivos y conductivos, del carácter y de las actitudes, de los valores y de la dedicación a las cosas espirituales, revela la potencialidad de la persona en cuanto a las herramientas que se tienen a disposición para trabajar en la resolución de los problemas.

4. *Historia educacional y ocupacional*

Notar cualquier clase de dificultades en el comienzo de los estudios, en el transcurso de los mismos o en la finalización de grados. Notar el ajuste o desajuste académico, los logros y las frustraciones en tal área. Notar las relaciones con otras personas en el transcurso de tales experiencias escolares, con atención a las peculiaridades.

Considerar si el trabajo, la ocupación o la carrera ha producido satisfacción o fallas, derrotas o desajuste emocional. Notar las razones por las cuales la persona cambió de trabajos, si tuvo conflictos con sus semejantes, si tuvo ascensos o descensos en su carrera.

5. *Historia social*

Examinar las relaciones interpersonales con sus semejantes, con miembros de su sexo y del sexo opuesto. Notar las actividades en la comunidad. Notar las actividades y la participación en la iglesia. Indicar los intereses culturales, y sus preferencias en cuanto a *hobbies*, recreación y esparcimiento. Señalar sus actitudes hacia su propio crecimiento social y su utilización de recursos para interrelacionarse, si es dependiente, codependiente o independiente. Sus normas éticas, sus valores e interés social también pueden ser notados. Sus actitudes hacia su futuro, en cuanto a madurez, ancianidad y muerte, a veces revelan implicaciones mayores en la depresión. Averiguar cuántos amigos existen, en diferentes círculos concéntricos, en cuanto a intimidad.

6. *Historia marital y sexual*

Apuntar cómo la información, educación y apercibimiento de las realidades sexuales de la vida tuvieron lugar. Las experiencias premaritales, conyugales y extramaritales entran en juego en los estados emocionales. Averiguar si hubo abuso sexual, incesto o cualquier aberración que pudiese impactar en los estados emocionales presentes.

Las relaciones conyugales pueden ser exploradas con más detalle si es necesario, ya que en muchos casos forman parte de los dilemas y conflictos que aumentan la depresión. Conflictos referentes a control, estilo, frecuencia, intensidad, antecedentes y consecuencias de relaciones sexuales aparecen muy a menudo, debiendo ser explorados después de establecer un buen tratamiento terapéutico.

7. *Historia familiar*

Un panorama detallado de los familiares es importante para formar un cuadro de las estructuras y de las funciones de la familia. El sistema es importante, ya que muy raras veces tenemos problemas aislados, pues la persona viene con el impacto de un contexto sistemático que apoya, disminuye, aumenta, refuerza o, en alguna manera, afecta al problema.

Los valores familiares, las expectativas, las maneras de disciplinar y de reforzar, pueden ser tomadas en cuenta. Cualquier dato de importancia puede ser tomado como base para sondear más, tal como la separación, la muerte, la mudanza de algún familiar o el divorcio de los padres. La historia de enfermedades de algún miembro que afectaron de alguna forma a la persona no puede ser pasada por alto. Datos de alcoholismo en los padres, hermanos, de drogas o delincuencia de alguna clase, añaden al cuadro depresivo del contexto familiar.

8. *Historia médica*

Cualquier enfermedad, accidente, operación quirúrgica y las actitudes hacia tales eventos son importantes en el asesoramiento de la persona. La utilización de drogas, alcohol, medicinas o remedios caseros también se pueden notar. En casos depresivos, hay que indagar acerca de lo que la persona consumió en el pasado, a fin de encontrar si tal historial tiene alguna repercusión. Asimismo, ciertas enfermedades pueden traer consigo factores que aumentan la depresión.

Si las intervenciones son espontáneas, naturales y con empatía, los datos que se sugieren aparecen como intercalados en las conversaciones, en las interacciones entre la persona depresiva y la que ayuda. Debe atenderse al afectado, ser consciente de «estar ahí» y no tomar apuntes como un reportero. La historia se puede compaginar después, cuando se tienen más datos y cuando se piensa en el caso de manera global.

Información del estado mental

El informe del contexto o trasfondo de la persona deprimida no sería suficiente si no se tuviera en cuenta su estado mental. El propósito de informar del estado mental de una persona es el de observar y apuntar sistemáticamente su estado emocional corriente o actual, y las funciones mentales específicas de la misma. Dicha información ayuda en la formulación de una diagnosis y del curso de apoyo, así como en la terapia a seguir.

El procedimiento varía de una persona a otra, y necesariamente debe ser natural, flexible y efectuarse mientras se extrae información de trasfondo, historia personal y social, recuentos de los problemas, quejas y conducta relacional.

Las categorías que aparecen a continuación son extraídas de trabajos clínicos, de experiencias personales, de lecturas de manuales y libros de ayuda sobre la materia.

1. *Apariencia personal en general*

Hay que fijarse si la persona manifiesta características idiosincrásicas en su vestir, en su postura, en sus expresiones y su conducta social. El afectado, a veces, no atiende a su aseo personal, a su manera de presentación ni está interesado en ser percibido de alguna manera distintiva.

Notar si alguna característica fuera de lo común aparece, si la persona parece decir: «A mí no me importa cómo me presento», y de forma dejada o abandonada lo indica. La apariencia no debe servir como base para ninguna diagnosis, sino solamente como indicador de conflictos o problemas emocionales dignos de ser explorados en detalle.

2. *Actitud*

Señalar cuál es su actitud hacia su estado emocional, su depresión. Notar cuál es su actitud hacia el proceso de ayuda y hacia la persona que le ayuda. Observar si la persona coopera con el proceso o si es defensiva y evade las preguntas, si es agresiva o sumisa, si da pautas de expresión interactiva o si se recluye y se aísla negativamente, con apatía.

Indicar si las emociones son expresadas abiertamente o si, por el contrario, las niega, racionaliza o defiende. Buscar algunas indicaciones de mecanismos de defensa que pueden estar presentes, y averiguar sus maneras de relacionarse con las personas en general.

3. *Conducta motriz*

Notar su postura y garbo. Advertir si aparecen tics nerviosos o movimientos corporales involuntarios. Observar si la persona se come las uñas, si estruja sus manos con frecuencia, si hace crujir sus dientes, si aprieta las mandíbulas, o cualquier otra indicación de ansiedad. Notar si tales movimientos aumentan cuando se trata con cierto material intenso y cargado de emoción.

Notar y apercibirse de que algunos de los movimientos aberrantes apuntan hacia desórdenes mentales más específicos, como puede ser la excitación motriz de un maníaco o la retardación y estupor en estados paranoicos catatónicos. A veces aparecen en forma leve en depresiones profundas con carácter psicótico.

4. *Verbalizaciones*

Ver si el tono de voz, la modulación, es apresurado o lento. Condiciones que involucran aspectos maníacos hacen que el hablar sea condensado, apresurado o comprimido. Situaciones de depresión profunda hacen que el hablar sea lento y pesado.

Aquí no tratamos del contenido, sino del proceso en sí. Lo referente al contenido se verá más adelante. Hay veces en que la persona aparece como muda, sin hablar, o habla monosilábicamente y con trabajo.

5. *Estado afectivo en general*

Al observar el afecto, notar de qué modo se siente la persona en el momento de la intervención. Notar si el afecto es apagado, sin expresividad, o si es eufórico. La depresión unipolar profunda puede manifestar estupor y afecto rebajado y apagado, a punto de no conectar con los interlocutores.

Notar si hay ira, frustración y desasosiego que se manifiestan abiertamente, o si tales aspectos emocionales permanecen velados, suprimidos o escondidos. La emoción subjetiva reportada por la persona es importante, ya que indica su percepción propia, su manera de atribuir significado a lo que pasa, y sus reacciones.

6. *Procesos cognoscitivos*

Indicar si hay perturbaciones en la estructura y en la formulación de las asociaciones lógicas o racionales.

Señalar si hay perturbaciones en el fluir de las ideas, si los pensamientos aparecen conectados o desparramados, flojamente conectados. Notar si los razonamientos son circulares, errantes y vagabundos, o si aparecen en forma lineal, sistemática, paralelos a varios asuntos, pero apuntando de forma lógica hacia ciertos cometidos. Muy a menudo la depresión tiende a distorsionar estos procesos.

Notar qué clase de preocupaciones aparecen: ansiedades, anhelos, frustraciones, ambiciones, sueños y esperanzas. Notar si hay contenido patológico, como pueden ser sospechas paranoicas indebidas, expresiones de denigración propia, ideas hipocondríacas, obsesiones, delirios, proyecciones irreales, autocastigos con culpabilidad, entre otros temas. La depresión aumenta el caudal de los autocastigos, del sentido de culpabilidad, de denigración propia y de autorrechazo.

Considerar si hay ideas suicidas, impulsos a hacerse algún mal o povocar una catástrofe. La persona deprimida siente que «se le acabó la cuerda» y que no tiene recursos, y suele pensar en maneras destructivas. Establecer un contrato franco, decisivo y fuerte, asegurando los pasos necesarios para mantener una red de familiares o amigos, con la posibilidad de un respaldo profesional adecuado, y sugerir un lugar de cuidado intensivo profesional para prevenir un desenlace infeliz. En casos de depresión profunda, con aspectos psicóticos o maníaco-depresivos, es necesario acudir a personas preparadas para tratar dichas eventualidades.

86

7. *Percepción*

Constata r la capacidad de ser consciente de lo que ocurre y de discernir entre las personas, situaciones y objetos de forma apropiada. Notar si la realidad es percibida adecuadamente por la persona o si las distorsiones existen en cuanto al significado de los eventos, a las atribuciones a la realidad. Ver si hay delirios de persecución, de grandeza, de despersonalización o cualquier otra distorsión de la realidad propia y del medio ambiente. Notar si hay alucinaciones auditivas (el afectado oye voces cuando tales no existen) o visuales (la persona ve cosas que los demás no ven), ya que esas distorsiones en la percepción representan asuntos más serios en cuanto a patología.

8. *Funcionamiento intelectual*

Comprobar la capacidad intelectual del individuo, medida en referencia a su condición premórbida, o antes de estar deprimida. Ver la impresión general que aparece en la relación durante las sesiones de ayuda, y tomar nota del nivel de procesado y funcionamiento a fin de proporcionar ayuda a dicho nivel.

Verificar el nivel general de conocimiento, teniendo en cuenta su educación, socialización, trasfondo familiar, derrotero en la vida. Averiguar su conocimiento espiritual por medio de las interacciones referentes a su entendimiento escritural, su filosofía de vida, su manera de ver las cosas espiritualmente. Notar perturbaciones en su funcionamiento abstracto, ya que en muchos casos la depresión disminuye la capacidad de integración de procesado a nivel superior, y necesariamente se acude a niveles más concretos y simples.

9. *Orientación*

Ver si la persona se ubica y reconoce la realidad en cuanto al tiempo, el lugar y a otras personas. Muchas veces los estados mentales tienden a desorientar a la pesona, perdiendo conciencia del tiempo. Se puede tomar nota si la persona sabe qué día de la semana es o la fecha actual. También comprobar si reconoce lugares y puede orientarse en los mismos. Las perturbaciones en orientación ocurren mayormente en desórdenes orgánicos, pero a veces suelen verse en estados depresivos profundos. La persona pareciera estar desconectada, fuera de foco, y experimentar problemas para estar a tono con las expectativas de las situaciones en las cuales participa.

10. *Memoria*

Verificar si la persona experimenta dificultades en recordar asuntos de su pasado, sean distantes o recientes. Notar si las fechas, eventos y personas que jugaron papeles cruciales aparecen en la historia del individuo de forma adecuada, o si la persona tiene problemas de lagunas mentales. Si tales problemas aparecen evidentes, se puede sondear más a fondo.

La depresión afecta a la consolidación de la memoria reciente, y a veces interfiere, también, en la memoria a largo plazo.

11. *Juicio*

Observar la habilidad de la persona en comparar y discernir alternativas en las decisiones a adoptar. Notar la capacidad de desarrollar y llevar a cabo planes y proyectos a corto o largo plazo. Ver la capacidad de iniciativa y promoción de actividades funcionales. Notar la habilidad de discriminar y comparar hechos, ideas y premisas a fin de arribar a conclusiones correctas basadas en la realidad.

Comprobar la capacidad de controlar sus impulsos, de ser razonable en situaciones apremiantes, de mantener posturas adecuadas en relaciones interpersonales.

12. *Información global*

Teniendo en mente las categorías mencionadas, informar en forma global del estado mental de la persona y determinar en qué grado la depresión ha invadido su personalidad y la ha distorsionado. Notar en qué grado la depresión ha afectado al funcionamiento cognoscitivo, intelectual, afectivo y conductivo. Indicar el grado de distorsión emocional-espiritual presente, ya que los filtros y actitudes, valores y motivación experimentan cambios en la percepción, no sólo del ser mismo sino también de Dios, de las Escrituras, del sentido de la voluntad de Dios, de las relaciones comunitarias y de la iglesia.

Completado este examen del estado mental, la persona que ayuda o aconseja terapéuticamente puede añadirlo a los criterios de la sintomatología y la historia personal, social y ocupacional de la persona deprimida, a fin de determinar el grado o la intensidad del problema.

Impresión diagnóstica

Con los datos suministrados por las verbalizaciones, la presencia obvia, la conducta, las relaciones y el estado mental, se puede intentar llegar a cierta impresión diagnóstica. Dicha impresión sirve a los propósitos de buscar un acercamiento en el proceso de ayuda.

La frecuencia de las manifestaciones depresivas, la profundidad e intensidad de los síntomas y conducta desplegada, la duración del problema, el tipo de manifestaciones y los antecedentes del problema, permiten hacer ciertas distinciones. Recordemos las diferentes maneras de ver este asunto expuestas en los capítulos anteriores:

– Reacción de ajuste con estado depresivo
– Depresión neurótica
– Depresión acoplada a cierta enfermedad física

- Depresión unipolar con factores bioquímicos
- Depresión bipolar, maníacodepresiva
- Depresión ontológica

Para hacer cualquier clase de distinción, son necesarios el sondeo, el análisis de la situación, el estado mental de la persona, las circunstancias, la historia y la capacidad de solvencia, aparte de los factores de la personalidad. Debe tenerse en cuenta si las aberraciones y síntomas psicóticos están presentes, ya que los tales representan grados mayores del problema y necesitan atención especial.

8
Tratamiento de la depresión: Consideraciones básicas generales

Hemos hecho una reseña de las distintas definiciones y de las diferentes maneras de acercamiento a la descripción y explicación de los orígenes de la depresión. No se trata de presentar un molde que sirva para tratar todas las clases descritas. Se recalca el hecho de saber las limitaciones y de buscar una ayuda adecuada cuando se trata de depresión endógena mayor (unipolar o bipolar) o debida a trastornos bioquímicos o endocrinológicos. En tales casos, el tratamiento incluye la consulta médica, aparte de los consejos de apoyo y del sondeo de sentimientos, pensamientos y actuaciones.

Cuando la consulta profesional es indicada, se enfatiza la cooperación entre la persona que aconseja o asesora y los que tratan médico-psicológicamente a la persona, a fin de consolidar un contexto y un tratamiento adecuados. El tratamiento con medicamentos suele anteceder a las intervenciones psicoterapéuticas, ya que, en ocasiones, es necesario estabilizar a la persona para poder realizar un trabajo psicológico, sea cognitivo-conductivo, de perspicacia, de profundidad o de apoyo.

Entre los acercamientos psicoterapéuticos, según el grado y la intensidad de la depresión, y según la historia y los potenciales demostrados por el afectado, es probable que se administre terapia psicoanalítica o de profundidad, o se enfatice el acercamiento cognitivo-conductivo. Muchos otros modelos se aplican, variando de acuerdo a sus proponentes.

Lo que se enfatiza en estas páginas se aplica en casos de depresión reactiva, neurótica, ontológica y espiritual o a las reacciones de ajuste con tono depresivo. El tratamiento en tales casos se deriva de varias teorías y prácticas clínicas, con acercamientos que se han empleado con cierto éxito.

Las consideraciones básicas se aplican a varias clases de tratamiento, ya que se enfatiza la relación entre las personas como esencial en el proceso terapéutico. Es una manera simple, abreviada, de ayuda emocional que puede ser seguida por personas que no necesariamente han tenido una preparación formal en psicoterapia. Teniendo tal marco de referencia, veamos las posibilidades.

El objetivo del consejo

Si se pretende alcanzar cierta efectividad en el trato de individuos deprimidos, se debe enfatizar el hecho de que la persona que ayuda será efectiva hasta tal grado que los afectados estarán en una mejor disposición de resolver sus dilemas y sentimientos a través de su interacción.

El objetivo es el de ayudar a la persona a identificar, esclarecer y utilizar sus recursos de forma adecuada. Como consecuencia, se ayuda a la persona a desarrollar sus objetivos y a seguir un proceso con entendimiento.

1. *Ayudar al afectado a relatar su problema*

Algunas personas son muy expresivas y no tienen problema en explicar sus conflictos. Otras no son muy dadas a hablar, son más retraídas y silenciosas. Sin embargo, la depresión resta energías a la mayoría de las personas, hasta el punto de menguar las verbalizaciones de los más expresivos.

Hay enfermos que están al tanto de lo que les acontece y

pueden dar pruebas de perspicacia y entendimiento acerca de sus males, mientras que otros no tienen la menor idea de su situación. Hay que ayudar a la persona a ser franca, a relatar su historia, a expresar sus angustias y temores. El hacerlo, permite que los factores presentes se activen:

a) *Catarsis.* El expresarse permite el desahogo de los sentimientos embotellados, suprimidos y negados. Funciona como *catarsis* o evento terapéutico de carácter purgativo o aliviante. En el antiguo modelo analítico que tomó de analogías hidráulicas, es como si se abriera la válvula que permite el escape de la presión acumulada. Se elimina la tensión emocional y se relaja la tirantez interna. En términos criollos: «se destapa la olla que hierve».

b) *Definición y control cognoscitivo.* El verter el problema en palabras permite, también, su definición. El definir un asunto permite cierta percepción de control. No podemos controlar lo indescifrable, pues permanece místico, oculto, cubierto o vago. No podemos acercarnos con una solución lógica ni racional a un asunto velado o extraño. Al hablar del asunto, al descifrarlo y enfocar cognoscitivamente sobre un problema, permite arribar a ciertas definiciones. Con ellas se busca enfocar sobre el posible control y sobre la posibilidad de predecir que la fe, la esperanza y la acción sobre tales premisas es factible.

2. *Escuchar con atención*

Hay maneras encomiables de apoyar y de sostener la conversación. Entre ésas figuran la de escuchar con atención, la de responder acertadamente, la de demostrar respeto por las emociones sin juzgarlas, sin opinar acerca de su validez, sino más bien permitir su expresión cabal.

El primer deber del amor es escuchar, como dijo Tillich. El escuchar denota respeto, interés, atribución de valor y de dignidad a la persona. Aunque esté disminuida por su congoja o aunque esté derrotada en sus actuaciones, tal persona es digna de atención. El invitar a la persona depresiva a que vuelque sus quejas, a que comparta su dolor y a que se desahogue de sus penurias, es darle libertad de acción, pensamiento y sentimiento. Es necesario proporcionar la atención debida a la persona que sufre, a fin de ofrecerle un ambiente en el cual existe la disposición, la prontitud y la franqueza para compartir sentimientos negativos.

a) *Escuchar abiertamente*. El escuchar sin interrumpir, sin juzgar, sin apurarse a dar consejos ni predicar las propias convicciones, es encomiable y deseable. El deprimido necesita saber que se le respeta, se le da opción y se le proporciona hospitalidad emocional. La persona que desea ayudar, debe reforzar el principio empático que recalca el aprobarse a uno mismo con aceptación incondicional y afecto positivo, sin demandas ni expectativas.

b) *Escuchar con empatía*. Es necesario caber en los zapatos de la otra persona aunque sea durante el tiempo de la intervención. La empatía es la disposición cognitiva de entender a la otra persona en sus pensamientos, razonamientos y juicios desde el punto de vista depresivo. También es la disposición de captar los sentimientos y estar a tono con el corazón de la otra persona bajo circunstancias desfavorables. El sentir una adecuada compasión es característica fundamental del discípulo de Jesús. La compasión no es sentimentalismo, ni «gran hazaña» que necesita ser exagerada en su demostración, sino una actitud que combina el amor sin juicio, la misericordia que no trata de etiquetar, la gracia que da sin condiciones, y la empatía que permite a la percepción, al afecto y la voluntad ser sintonizadas hacia la otra persona a fin de captar su totalidad o su experiencia global. Se trata de discernir cabalmente, de sentir y actuar sobre las bases de un entendimiento profundo de la dimensión humana en desgracia.

c) *Prestar atención a los componentes cognoscitivos.* El prestar atención a los componentes cognoscitivos de la depresión ha sido enfatizado por Beck, Michaembaum y otras personas que se acercan al problema desde el punto de vista cognoscitivo-conductivo.

El trípode clásico en cuanto a la manera de ver las cosas es:

1º La percepción propia negativa: Si los pensamientos y las expresiones acerca del valor propio son degradantes, indignantes, con culpabilidad, vergüenza, apocamiento, etc.

2º La perceción negativa de las circunstancias, del mundo que rodea al individuo, denotando experiencias carentes de paz, esperanza, con pérdida de fe y valor.

3º La percepción funesta, negativa del futuro.

Si la persona tiene tales percepciones de sí mismo, del mundo y del futuro, puede estar atrapada en moldes o esquemas muy negativos, con pensamientos tales como: «Estoy derrotado. Nada de lo que hago resulta favorable. Nada bueno me espera. No tengo nada digno de proseguir», etc. O razonamientos como éstos: «Porque no valgo nada, no puedo hacer nada, no vale la pena vivir»; o «Yo sé que no hay remedio, por lo tanto para qué seguir luchando...»

En tales casos, hay que enseñar a la persona a observar y rastrear sus pensamientos negativos, y también a que reconozca la conexión entre tales pensamientos y moldes negativos, sus atribuciones falsas, ilógicas y autocastigadoras, con la depresión experimentada. Hay que exhortar a la persona a ser honesta consigo misma, con sus sentimientos y sin necesidad de defensas, a pensar en una manera más funcional, corrigiendo las distorsiones y aberraciones debidas al estado de ánimo que afecta a las percepciones.

3. Enfocar sobre la persona y su angustia con orientación indagadora, con aspectos concretos

a) *Enfoque con precisión.* En el proceso de ayuda hay que enfocar específicamente sobre ciertos asuntos de importancia. El prestar atención y tratar de abarcar el espacio vital de la persona, sus síntomas y las maneras de ver su situación demanda escuchar más que hablar. En el caso de proveer respuestas, éstas han de ser breves, de apoyo y contemplación. Es aconsejable evitar el pronunciamiento de juicios prematuros con interpretaciones estereotipadas, aunque parezcan espirituales. A veces, la persona que pretende ayudar se apresura a terminar el asunto con frases como: «Usted se siente angustiada porque se le fue el marido».

Tal expresión puede ser correcta, pero en ocasiones no se sabe si la pérdida de un cónyuge aparece como una reacción depresiva, o si la persona sufre la pérdida de un ideal mientras que también siente alivio emocional que no puede reconocer conscientemente sin acarrearse críticas o juicio. En especial en casos donde las personas no se llevaban bien, si había tantas dificultades que el deseo de separación «natural» era esperado en secreto, o subconscientemente, como una salida «espiritual».

b) *Enfoque abierto.* Tratar de no ofrecer promesas categóricas cuando uno no sabe los pormenores de la situación emocional: «No se preocupe, todo irá bien», o «No tiene por qué deprimirse», representan falta de respeto por el dolor, la angustia, y demuestran carencia de perspicacia y entendimiento. No se trata de embotellar ni encajonar a la persona ni su problema con nuestras conjeturas. No se trata de adivinar ni tratar de «leer la mente», sino de indagar acertadamente acerca del asunto.

c) *Enfoque discernidor.* Tratar de no espiritualizar el problema con expresiones mecánicas apresuradas, debidas a la ansiedad de la persona que ayuda: «Vamos a orar y se le irán todos sus males y la depresión lo dejará», o «Usted no tiene por qué estar deprimido, ya que el Señor llevó todos sus males», parecen a veces decir que el enfermo tiene fallas por experimentar cierta emoción, o que está fuera de la voluntad de Dios por sentir algo indebido. Por lo tanto, se siente aún más culpable si la depresión no lo deja, y supone que Dios no lo escucha o que le está castigando por su falta de fe.

Tratar de no desviar el enfoque hacia la persona y su necesidad verdadera haciendo caso omiso de la profundidad del dolor o la angustia con preguntas inconsecuentes y triviales. Se debe recordar que la persona deprimida tiene otra manera de ver las cosas, su valor y significado, y que no está interesada en trivialidades ni en pormenores que le parecen insignificantes comparados con sus problemas mayores.

Tratar de no «inflar» a la persona que se siente aplastada, puesto que el hacerlo le irrita y enfada, pudiendo suscitar cierta reacción negativa. Muchas veces, el silencio, el respeto al sentir, el mantenerse en contacto sin demandar, hace que la persona se sienta apoyada y entendida.

4. *Prestar presencia con determinación*

El escuchar con atención demanda «estar ahí» con la otra persona, con calidez sin posesividad, con abnegación sin demandas, con la esperanza de ser verdaderamente una mímica de Jesús expresando su concernencia, amor, gracia y misericordia en acción.

Patterson (1985) recalca el hecho de que la relación terapéutica es esencial.

El permanecer fiel al cometido de entender, de abarcar el asunto que embarga a la otra persona, representa un aspecto interesante y profundo en el trato de la depresión. Si bien la separación o la pérdida de algo es un factor crítico y crucial, la presencia fiel y constante de la persona que ayuda representa un antídoto a la sensación de vacío experimentada por la persona.

La presencia con determinación incluye la oferta de comunión desinteresada con actitud incondicional. Se presta empatía sin reproche y se demuestra amor sin juicio. Se enfatizan la misericordia y la gracia (misericorda es no dar lo que la persona piensa que merece; gracia es dar lo que la persona ni piensa que merece). De esta manera, la persona que ayuda representa las cualidades de Aquel que trae la sanidad, la restauración, el bienestar y la paz.

El ministrar Espíritu y vida es justamente eso, no sólo recitar la Palabra, repetir versículos apropiados de memoria, ametrallar o bombardear al deprimido con letra, sino encarnar la presencia de Dios vertida en espíritu viviente y representativo de lo que su voluntad explícita, inerrante y eterna expresa en forma escrita.

Se necesita persistencia para estar con la persona deprimida durante «el valle» de su experiencia, acompañando al ser humano en su angustia a fin de entender sus síntomas, sus orígenes, el desarrollo de sus quejas y sinsabores, el entender sus defensas y maneras de responder, y así tener un marco de referencia para responder con palabra, acción y afecto. La fidelidad en permanecer constante y accesible es esencial, a fin de prestar un ancla a las derivaciones de la persona, y un perímetro dentro del cual puedan ser exploradas sus ansiedades.

La prestación personal y «ser hospedador» significa también tolerar y aceptar cierta necesidad de dependencia demostrada por la persona deprimida, puesto que en tal condición es fácil perder el garbo, la postura positiva, el optimismo, la capacidad de lucha y la visión objetiva, con una disminución de las características que permiten al individuo ser eficaz y bastarse por sí mismo.

El ofrecerse uno como punto de apoyo y permitir la dependencia momentánea es esencial, así como mantener la continuidad de las conversaciones, consejería y sostén emocional hasta que la persona recupere sus capacidades habituales.

Quedarse con la persona en sus puntos «bajos» sin sabotear ni tomar caminos rápidos insensitivos, hasta que ésta dé señales de recuperar la percepción de tener cierta capacidad de respuesta, cierto control y responder en forma que denote su fe emergente. Ahí es donde se debe empujar, por así decirlo, y animar a proseguir en la lucha por la recuperación.

9

Estrategias
de ayuda integral

Las estrategias de ayuda integral toman de las bases terapéuticas enunciadas desde las investigaciones y práctica realizadas en el campo de la psicología clínica. Se tienen en cuenta los procesos conductivos, cognoscitivos y afectivos. Se integran los procesos espirituales y también los analíticos.

En muchas ocasiones, la depresión de otra persona nos hace sentir inadecuados, incompetentes e inciertos. Nos frustra y nos desafía el hecho de tener frente a frente algo que no podemos controlar ni predecir. Nos incita a probar métodos que den resultados y que nos hagan sentir capaces y adecuados. Es preciso tener en cuenta los asuntos «contratransferenciales» presentes en tales situaciones, para prestar mejor ayuda. Es necesario mostrar nuestra disposición al servicio, nuestra intención al ayudar, para evitar «cantar canciones al corazón del afligido». No queremos sacarle la ropa en tiempo de frío ni echar vinagre sobre el jabón, como el proverbio antiguo recalcó.

Para ayudar de forma efectiva hay que proveer ciertas bases y estructuras esenciales, a fin de tener un marco de referencia dentro del cual trabajar. Si uno no sabe adónde va, lo más probable es que no llegue a su meta. Se debe considerar cierta estrategia de ayuda emocionl para lograr mejores resultados.

El proporcionar perspicacia, límites, objetivos y esperanzas hace que la persona deprimida tenga más seguridad y confianza en el proceso de ayuda. Los siguientes pasos, aunque no concluyentes ni exhaustivos, son básicos para tal propósito.

1. Comenzar abiertamente

Es necesario conectar con la persona a la altura o nivel de entrada emocional donde se encuentra. Se necesita espontaneidad, flexibilidad, disposición abierta y amplitud en lo que a hospitalidad se refiere. Sin embargo, tales dotes o factores no representan necesariamente desorganización ni falta de atención a una estrategia de ayuda. La disposición flexible y abierta se debe al hecho de contar con cierta base de fe, de experiencia y de conocimiento en cuanto al proceso de ayuda emocional que depende de la provisión de estabilidad y confianza al necesitado.

Aunque cualquier sitio es bueno, se trata de encontrar un lugar apropiado sin interrupciones visuales, auditivas, sociales o de cualquier orden que sea nocivo a la persona deprimida. Pese a que cualquier tiempo es bueno, se trata de asegurar que un proceso se establezca a fin de proporcionar mejor atención.

A esta altura, se necesita enfocar acerca de la necesidad de control sobre ciertos aspectos del problema, de modo que es precisa cierta estructura para lograr tal fin.

2. Estructurar las sesiones subsiguientes

Prestar atención a un lugar y tiempo adecuados: Aunque el contacto inicial entre la persona deprimida y la que ayuda puede tener lugar en cualquier sitio y a cualquier hora, se necesita proporcionar más estabilidad, más estructura al asunto. Se pueden seguir ciertas líneas de base.

a) *Lugar*. Es necesario establecer un lugar apropiado donde proseguir las conversaciones a unas horas convenientes.

b) *Tiempo*. Es del todo útil comunicar ciertos límites de control sobre asuntos que parecen estar descontrolados y dispersos.

c) *Contexto personal*. Tratar de ver si la persona deprimida necesita estar a solas con la que le ayuda, o si es más conveniente tener algún familiar (cónyuge, padre, madre, hijos, parientes) o algún amigo que esté involucrado en el asunto o sea parte del problema (si existen peleas, desavenencias y la provocación a la depresión es de carácter relacional).

d) *Contexto social.* Hay veces en que se necesita tener una red de personas hospedadoras, apoyadoras y fieles, que pueden proporcionar el sostén emocional adecuado y evitar que la persona deprimida pase mucho tiempo solitaria, taciturna, mórbidamente aislada, pues tales condiciones empeoran la depresión.

3. *Nivel de entrada y pasos sucesivos*

Hay que dar a entender que los primeros contactos y tentativas a ayudar representan oportunidades para escuchar con atención, prestar presencia, indagar y sondear hasta enfocar sobre la crisis, la desesperación o angustia actual, y prestar oído a la persona, a fin de apoyar y atender sus necesidades básicas.

a) *Enfocar cabalmente.* El averiguar bien y hacer una especie de conjetura o formular una idea referente a la índole del problema, la profundidad y extensión de la depresión, es indicado al principio. Se establecen criterios claros de lo que está pasando.

b) *Sondear y profundizar.* Después de ser establecidos tales criterios, las sesiones siguientes tratan de esclarecer más el asunto, indagar acerca de los factores que originaron las emociones negativas. A tal fin se trata de sondear más profundamente, averiguar acerca del historial personal y familiar con referencia a problemas depresivos. También se necesita saber algo acerca del desarrollo de la persona, en cuanto a su forma de vivir en familia y relacionarse con sus padres, hermanos, familiares cercanos. Asimismo se trata de averiguar los estilos empleados en el establecimiento de metas, y en el empleo de estrategias en su vivir cotidiano. Es necesario tener un asesoramiento de las maneras eficaces de luchar contra las pruebas que la persona ha empleado en el pasado. Se trata de establecer su madurez social, emocional y espiritual, para saber a qué nivel se trabaja.

Como cualquier otra emoción, la depresión tiene un punto de partida. Hay que reconocer qué es lo que suscita, «dispara» o causa la depresión en su estado inicial. Tal vez la persona ha aprendido a responder de una manera inadecuada, exagerada, limitada, negativa o distorsionada a tales causas. Quizás el afectado actúa de manera autoderrotista; tal vez se ve esclavizado por las circunstancias. En cualquier caso, hay que enfatizar la necesidad de identificar los eventos que precipitan o suscitan la depresión.

c) *Facilitar el desarrollo de capacidades de lucha.* Se trata de desarrollar las capacidades de la persona para que vuelva a luchar y para que incremente sus estrategias del manejo del estrés. Se trata de desarrollar su entendimiento de la voluntad de Dios, la fe y la esperanza, utilizando las promesas de Dios en forma viviente y no mecánica, atesorando más y más experiencias aun bajo presión. Se trata de actualizar la capacidad de renovación mental y espiritual, a fin de alinear pensamientos, razonamientos, percepciones y juicio hacia direcciones más positivas y funcionales al bienestar.

Entre las capacidades de lucha, figuran la posibilidad de «pelear» en lugar de retroceder. Es decir, la persona puede enfrentar sus luchas y problemas en lugar de negarlos o huir de los mismos. Puede frenar sus pensamientos negativos o las avalanchas de sentimientos drásticos. El frenar pensamientos o cambiar el rumbo de sentimientos catastróficos se puede lograr a través de la combinación correcta de técnicas de relajamiento intensivo y la presentación «a propósito» de las imágenes, ideas o pensamientos que provocan estrés, ansiedad o depresión en sí.

En algunos casos de obsesiones mentales negativas, el autor ha aconsejado al afectado tener un recuento diario de sus luchas mentales, hacer una lista concreta o tener «citas» con tales problemas una vez al día, metiendo dicha lista en oración. Si esos pensamientos surcan la mente durante cualquier otra hora, se les trata como a un intruso no invitado, recalcando que «la hora aún no ha llegado» para ocuparse de los mismos. El controlar de esa forma requiere paciencia y mucho entrenamiento, pero es factible y da resultado.

d) *Sondear las posibles causas.* Tras atender las preguntas «¿Qué pasa?» se puede avanzar hacia el «Porqué» de las cosas. Se busca, con la adquisición de perspicacia, el entendimiento de las causas de la depresión, la conexión entre el estrés presente y las respuestas del individuo, la historia familiar y personal, y los factores de desarrollo que forman parte del complejo de la depresión. Aparecen algunas posibilidades como éstas:

1º Pérdidas experimentadas –reales, imaginarias, actuales o proyectadas, anticipadas o posibles en el futuro.

2º Degradación de la propia estima, de la imagen propia.

3º Reacciones de ajuste a las circunstancias vigentes.

4º Sentido de culpabilidad –falsa o verdadera, neurótica o existencial.

5º Resentimientos sin resolver, ira hacia sí mismo.

6º Perspectivas y percepciones distorsionadas, equivocadas.

7º Prioridades equivocadas con resultados derrotistas.

8º Incapacidad o ineficacia aprendida a través de las reacciones indebidas a las circunstancias.

9º Degradación propia debida a la imperfección percibida y a los esfuerzos inútiles en cuanto a remedios.

Se recalca el énfasis en sondear las posibles causas que contribuyeron o que facilitan la permanencia de la depresión, ya que si la persona no se asesora de las mismas, puede repetir su historia una vez tras otra. Hay factores habituales que refuerzan la conducta indeseable, como también las actitudes y emociones acompañantes. Si bien la perspicacia sola no basta, es esencial para tener un mejor vislumbre de acción, de estrategia de lucha y de disposición a una mejor elección de alternativas en la vida.

4. *Trazar metas y establecer propósitos definidos*

Los objetivos inmediatos de la intervención son los de atender a los síntomas y las quejas, establecer criterios de atención inmediata y de proveer un marco de referencia a fin de establecer una relación terapéutica. La movilización de recursos es también parte de esta etapa inicial.

El trazado de metas toma en cuenta las causas posibles de la depresión.

También sigue ciertas líneas necesarias:

¿Qué potencial existe en la persona?

¿Qué estilo de pensar, actuar y resolver posee el deprimido? Se averigua hasta qué punto la adquisición de entendimiento es necesaria, a fin de tener mejor base para decidir, emplear estrategias y luchar para recuperar el bienestar emocional. Es conveniente escuchar con atención, con respuestas de indagación, sondeo, rastreo de asuntos y eventos pasados y presentes. Se busca la conexión entre las predisposiciones, características y manifestaciones de personalidad (si en alguna manera es dependiente, histérica, compulsiva, pasiva-agresiva, etc.), y otros factores que parecieran fomentar la depresión, como las actitudes habituales, los moldes o estilos de pensamiento, razonamiento y conclusiones o atribuciones utilizadas comúnmente por la persona.

Asimismo se busca conectar la historia pasada (social, familiar, educativa, experiencias tristes, separaciones, pérdidas, etc.) con el presente.

¿Cuáles son los objetivos inmediatos?

En la mayoría de los casos se necesita trazar objetivos muy concretos, cotidianos y alcanzables, a fin de proporcionar oportunidades en las cuales la persona depresiva va adquiriendo un sentido de control, logros con satisfacción y refuerzo positivo. En terapias conductivo-cognitivas, se emplea tal estrategia con buenos resultados.

En lugar de tener uno o dos objetivos mayores, extraordinarios o globales, se enfatiza la posibilidad de trazar veinte, treinta aspectos cotidianos en forma concreta que necesitan ser cotejados, desarrollados y alcanzados de forma práctica, con una agenda apropiada. Dichos objetivos, que parecen triviales e inconsecuentes, muchas veces son agregados y sumados hasta formar el todo de la persona.

Por ejemplo:

- El levantarse con la disposición de desayunar una comida apropiada, pese a no sentirse «excelente» ni gozoso.
- El dedicar un tiempo a la lectura de la Palabra y la oración sin legalismo, pero con la mira de hacerlo con una actitud dispuesta a la paz.
- Proponerse a desarrollar la capacidad de controlar los pensamientos negativos, autoderrotistas o ineficaces. Tal capacidad se desarrolla con la meditación y el relajamiento, acoplando las ideas, pensamientos o imágenes drásticas, negativas y que provocan ansiedad o estrés. El poder de controlar conscientemente los pensamientos se logra con el acondicionamiento constante del ejercicio meditativo, relajador y voluntario, invitando o inyectando la posibilidad del manejo de aquello que trata de deprimir a la persona para luego circunscribirlo y tratar con tal asunto con la fe de destruir tal *set* o fortaleza negativa.
- Proponerse memorizar un verso cada día, especialmente aquellos que tratan de la presencia de Dios, de su paz y sostén.

- Proponerse tener algún contacto social por teléfono – aunque es preferible en persona–, establecer alguna cita con un amigo, familiar o miembro de la congregación, para pasar un rato amigable sin mayores expectativas.
- Proponerse dar un paseo, caminar durante un tiempo determinado.
- Hacer ejercicio con mayor frecuencia, ya que eso favorece la producción de sustancias bioquímicas que ayudan a vencer la depresión.
- Realizar algunas tareas de tipo casero, en el trabajo o en la escuela, allí donde la persona necesita pasar mayor tiempo, para lograr cambiar el ambiente (arreglar cuadros, hacer algún adorno, cambiar la ubicación de algunas cosas, limpiar a fondo algún mueble, etc.).

Si bien tales actividades parecen triviales, comunes y corrientes, pueden proporcionar oportunidades para cambiar la mente y atribuir otro significado a las fuerzas propias, a la disposición a realizar actividades que si se propone puede llevar a cabo, controlar y predecir sus maneras de actuar y sentirse bien al lograr sus objetivos.

Tales estrategias están basadas sobre la premisa de cambio afectivo debido a variaciones conductivas y actitudinales. Si la persona logra cambiar su conducta «a pesar» de los sentimientos del principio, tal conducta permite un asesoramiento propio que desafía el *status quo* y que da lugar a nuevas interpretaciones propias de tal conducta. Dichas interpretaciones forman la base para una nueva actitud hacia sí mismo, y con el cambio de actitudes se logra implementar la base para el cabio de sentimientos.

5. *Utilizar los recursos naturales disponibles*

Es necesario comprobar si la persona reacciona favorablemente al tratamiento terapéutico interpersonal, donde la presencia, el compañerismo, la empatía y las actuaciones verbales son elementos esenciales, o si a pesar de la optimización de tales variables la persona no responde al tratamiento. Hay que sopesar la necesidad de intervención farmacoterapéutica, a veces, donde la actuación conjunta con médicos, psiquiatras o dispensadores de la medicina apropiada es recomendable. No es cuestión de arribar a conclusiones apresuradas y empujar a la gente a tomar pastillas, ni tampoco negar la eficacia que en muchos casos tienen dichas invervenciones. Se precisa perspicacia, discernimiento en el diagnóstico y disposición objetiva abierta para tales casos.

Entre los tratamientos con medicinas existen varios niveles de intervención. Cada persona puede manifestar una especie de «bioquímica personal» y responde a los agentes químicos de formas distintas. No todos los antidepresivos trabajan de la misma manera con diferentes personas. A veces es cuestión de tratar de encontrar la mejor combinación a través de varias tentativas, dando tiempo para que las medicinas trabajen. En la mayoría de los casos, los agentes antidepresivos comienzan a efectuar su labor bioquímica después de dos a tres semanas de haberlos tomado diariamente según se les prescribe. Tales medicinas no se venden al público en la farmacia, sino que son dispensadas a las personas únicamente a base de prescripciones facultativas una vez han sido asesoradas y diagnosticadas adecuadamente por el médico psiquiatra.

En el caso de los agentes inhibidores de óxido-monoamino, los dispensadores de tales agentes recalcan ciertas restricciones en comidas que pueden resultar tóxicas en combinación con las drogas. Las preguntas referentes a dichos casos son debidamente contestadas por los profesionales que atienden a los pacientes en forma farmacoterapéutica.

Estudios realizados en lo referente a la efectividad de varios tratamientos de la depresión revelan que los acercamientos conductivocognoscitivos pueden ser tan efectivos como la farmacoterapia, pero la combinación de ambos es superior en varios casos que demandan atención debida a los aspectos fisiológicos, bioquímicos y psicológicos en manera integral.

En casos de depresión del tipo maníacodepresivo, el tratamiento es con carbonato de litio, sustancia que se encuentra en el ser humano y cuya deficiencia permite ciertos trastornos emocionales. La administración correcta de tal agente permite que la persona se sienta y comporte en forma más funcional y adecuada. También permite una mejor utilización de la asesoría o de la psicoterapia por parte de la persona deprimida. En estos casos concretos, aparte de ser atendido por el psiquiatra o médico, el afectado necesita asesoramiento sobre los niniveles de litio presentes en el organismo, con análisis de sangre recomendados en manera específica.

En casos de depresión estacional, existen tratamientos con luz incandescente, por medio de aparatos especialmente fabricados para tal fin. Muchas personas necesitan tomar el sol por lo menos media o una hora cada día, para tener una mejor disposición.

En todos los casos depresivos se recomienda el ejercicio físico adecuado. Correr de tres a cinco kilómetros tres veces por semana, el ejercicio aeróbico, la natación, el esquí, jugar a fútbol o a baloncesto, o el caminar con paso rápido, son importantes en la manutención tanto de la salud física como de la emocional. No sólo se purifica el sistema a través de la eliminación de sustancias nocivas, sino que se suscita la energía a través de la producción de endorfinas (morfinas naturales producidas en el cerebro a causa del ejercicio vigoroso) y del aumento de la producción de la adrenalina (sustancia que permite una mejor utilización de las reacciones de lucha contra el estrés, proporcionando vitalidad y energía).

6. *Utilizar los recursos espirituales disponibles*

Es necesario traer a la luz los recursos disponibles, presentes en la situación de ayuda. El ministrar vida y espíritu, con el poder y la presencia de Dios, es algo más que leer unos versos de las Escrituras y orar simplemente. Es reconocer la función de sostén, soporte, ayuda y sanidad presentes en el acto

110

de ministrar, sirviendo a la persona con presencia, empatía, interés, amor y tolerancia hacia la ambigüedad. Es amistad sin ser posesivos. Es darse a la tarea de permanecer a tono con el dolor del prójimo, sin evitarlo, negarlo, taparlo ni menguarlo en forma alguna; más bien, compartir en solidaridad el momento, las cargas, y compenetrarse hasta el punto de dar la Palabra adecuada, como si fuese tomada de la intención de Dios y con la única motivación de hacer el bien, de sanar, de apoyar y de sostener.

El traer paz y contentamiento a una situación difícil es una tarea ardua. El alimentar la fe y la esperanza en medio de una vicisitud requiere calma, percepción adecuada de la presencia y del poder de Dios. El modelar tolerancia hacia la ambigüedad requiere de la persona consejera una certeza de que si bien no se puede pronosticar ni asegurar con garantías humanas, se puede confiar en la voluntad de Dios y su administración de poder para sobrellevar las pruebas presentes. Hay que permanecer con la persona mientras está en su depresión hasta que dé señales de movilización de recursos. Así se le refuerza aún más, se le encomia y apoya a fin de salir de la situación depresiva.

El capítulo siguiente explica, de una manera más detallada, la utilización de recursos espirituales en el tratamiento de la depresión.

10

Tratamiento espiritual de la depresión

Se ha enfatizado el hecho de que el ser humano no es simplemente un conjunto de partículas y ondas, de bioquímica compleja y de neuroanatomía, sino que es un ser espiritual y relacionado a su postulador, sea que lo reconozca o se aleje en forma agnóstica, atea o rebelde.

El presente capítulo trata sobre el acercamiento espiritual, con premisas que denotan la creencia en la activación de los recursos otorgados por Dios, quien diseñó, proporcionó significado y proveyó un derrotero conveniente a las personas que creen y obedecen a sus designios. Aun cuando dichas personas participan en solidaridad de todas las peripecias y las vicisitudes debajo del sol y están supeditadas a las leyes naturales, sufren y revelan sus incapacidades, tienen las promesas de Dios en mente y creen en el poder, la presencia y la providencia divinas.

Entre los recursos espirituales se tiene la Escritura, la oración, la comunión con otros, la meditación o retiro personal, o ciertos ejercicios apropiados a las costumbres preferenciales de la persona y sus hábitos.

Entre los recursos se deben enfatizar tres niveles: 1) las bases, premisas o principios revelados y proporcionados al ser; 2) los procesos que apelan, utilizan o encarnan tales bases o principios, y 3) los eventos, acontecimientos, ejercicios o acciones concretas que emplean los procesos y las estructuras mencionadas en casos particulares.

Principios

El ser humano es un ser relacional, dependiente de Dios, y necesita la comunión con Dios para estar a tono con su voluntad. El presentar su cuerpo a Dios en sacrificio vivo, el renovar la mente y prestar atención a los dictados de su Palabra, traen los principios básicos revelados a la mente y al corazón de la persona que depende de su hacedor, redentor y sustentador de forma cotidiana.

Dios ha creado las cosas para que el ser las administre, y entre las posesiones a ser administradas figuran su cuerpo, su mente y su espíritu. La comunión y la nutrición espiritual son esenciales para la salud, la manutención de una mente sana y un cuerpo sano.

Las aberraciones existen a causa de la entrada del pecado en el mundo, la corrupción de la raza humana a través de las edades, la solidaridad en la participación de todo lo que genéticamente la descendencia humana acarrea a tavés de las edades. El ser humano refleja tal caída, tales aberraciones, y, entre muchas otras distorsiones, figura la depresión como parte de las posibilidades problemáticas humanas.

El reconocimiento de ambas verdades –el diseño divino y su intención, por un lado, y la caída y sus aberraciones, por el otro– es necesario para no caer en legalismos, conjeturas juzgadoras, extremos en los pronunciamientos y en las definiciones. Se debe tener en mente la creación, la caída y sus consecuencias y la redención con sus efectos actuales, así como también las maneras de apropiación de lo que Dios ya ha provisto.

La búsqueda de la verdad, a través de la iluminación del Espíritu irradiando el conocimiento humano, la búsqueda de la perspicacia o entendimiento espiritual, son esenciales para enfocar el problema. El sondeo de las posibles causas naturales, de las distorsiones y de las aberraciones, de las posibles maneras de estar descentrados, de errar a la voluntad de Dios o de transgredir sus leyes, es esencial para reconocer la condición humana, que bien puede estar desconectada con su fuente de salud.

Se postula la necesidad de la fe sanadora, que se basa en las promesas de Dios y se apropia de las tales, y, en obediencia y confianza en lo que Dios ofrece, da cabida a la posibilidad de contacto, intervención y sanidad.

Procesos de ayuda espiritual: mecanismos o legados

1. *La Escritura*

Si se toma la Escritura como Palabra de Dios viva y eficaz, se trata de «comer del árbol de vida» y no simplemente del árbol de la ciencia (del bien y del mal). No se trata de atender únicamente a la letra, sino al significado real, a la intención o al propósito de Dios al hablar a través de las páginas impresas. De otra manera, no se atiende al que habla, sino que se utiliza la letra como entidad en sí, como si fuera un talismán o una fórmula mágica. La Escritura testifica de Cristo, de su persona y su obra, de su presencia y poder, de sus promesas y de su fidelidad. El escudriñar la Palabra permite la conexión, la comunión y la actualización de la presencia de Dios.

La memorización y el atesoramiento de la Palabra sirve su propósito, ya que es necesario alojar los dichos de Dios en la mente a fin de saturar los pensamientos, razonamientos, percepciones, juicios y atribuciones con las maneras de Dios. Muchas promesas, muchos dichos y salmos, así como apoyo y sostén, existen en las Escrituras, debiendo ser provistas a la persona deprimida. El afectado ha de ser exhortado a oír y a ser bendecido por la Palabra.

Se puede utilizar en forma figurada, metafórica, pues apela al hemisferio derecho (por así decirlo) humano, donde lo figurativo, artístico, témporo-espacial y estético reside. Usar figuras simples e imágenes que traen sostén, paz, alivio, encomio, apoyo o sentir positivo, es necesario y eficaz. Se pueden utilizar, también, principios o bases fundamentales que se extraen bíblica y teológicamente a través de mucho estudio y reflexión; o lo que diríamos el «espíritu de la letra» en forma sintetizada, lógica, apropiada a la situación.

Como procesos de ayuda ponemos énfasis en: *a)* la lectura; *b)* la meditación; *c)* el entendimiento cognoscitivoemocional acoplado a la perspicacia espiritual acerca de las Escrituras; *d)* la renovación mental que permite experimentar al Autor de la letra relacionándose a través de las Escrituras; *e)* la memorización de la Palabra adecuada, de las promesas positivas de la presencia y del poder de Dios presentes en la vida cotidiana corriente; *f)* la participación de la Palabra en el compartir con amigos, cónyuges, hermanos u otros, para tener un eco adecuado y un refuerzo encomiástico. Tales procesos «van» o «quedan» con la persona siendo aconsejada.

El deprimido puede ser ayudado a desarrollar un carácter meditativo hacia los hechos de Dios, su fidelidad en socorrer a los suyos. El salmo de Asaf recalca:

> «Con mi voz clamé a Dios, a Dios clamé, y él me escuchará. Al Señor busqué en el día de mi angustia; alzaba a él mis manos de noche, sin descanso; mi alma rehusaba consuelo, me acordaba de Dios, y me conmovía; me quejaba, y desmayaba mi espíritu. No me dejabas pegar los ojos; estaba yo quebrantado, y no hablaba. Consideraba los días desde el principio, los años de los siglos, me acordaba de mis cánticos de noche; meditaba en mi corazón, y mi espíritu inquiría: ¿Desechará el Señor para siempre, y no volverá más a sernos propicio? ¿Ha cesado para siempre su misericordia? ¿Se ha acabado perpetuamente su promesa? ¿Ha olvidado Dios el tener misericordia? ¿Ha encerrado con ira sus piedades? Dije: Enfermedad mía es ésta. Traeré a la memoria los años de la diestra del Altísimo. Me acordaré de las obras de Jah. Sí, haré yo memoria de tus maravillas antiguas. Meditaré en todas tus obras y hablaré de tus hechos...»

> (Salmo 77:1-12)

2. La oración

Después de escuchar bastante, de prestar atención y de proveer presencia, sostén, encomio y demás cosas ya mencionadas, se presta comunión en la oración conjunta. Al hacerlo se solidariza con la persona y se toma su parte en forma identificada y empática. No se trata de «dar consejos de rebote» como si al hablarle a Dios uno recalcase las cosas a la persona, sino más bien se vierten en conjunto las necesidades, las peticiones, con acciones de gracia por fe en la presencia y en el poder de Dios. Se recomienda hacer ciertas oraciones encaminadas a la adquisición de paz y tranquilidad, a «desechar la ansiedad» o a presentar ante Dios las vicisitudes y reacciones tensas de la persona. Se recomienda aconsejar a la persona para que haga oraciones diarias; que haga un recuento de los problemas y los presente ante Dios, esperando que en su designio y voluntad proporcione las fuerzas y la perspicacia necesarias para seguir luchando.

Como proceso sanador, la oración de fe encierra el reconocimiento de la realidad precaria, la confesión de pecado si éste existe, el reconocimiento de factores que escapan al escrutinio consciente, y la confianza en Dios, quien obra en gracia y misericordia en su ayuda. La oración no sólo cambia las cosas, sino que, como se ha dicho muchas veces, cambia a la persona que ora. Proporciona aliento, fe, encomio, comunión, ventilación, catarsis y esperanza.

3. La comunión

Es necesario anclar a la persona en grupos de apoyo, de oración conjunta, de actividades varias que permitan las relaciones amistosas y concertadas. La depresión se experimenta mayormente en soledad, por lo cual, en cuanto sea posible, hay que tratar de enfatizar la sociabilidad, la amistad y la comunión con otras personas a fin de contrarrestar las tendencias aislantes y mórbidas que caracterizan al deprimido.

Éste es el punto central de lo que se ha venido enfatizando: La iglesia, como comunidad sanadora, ofrece varios grupos de personas que pueden proporcionar anclas, contexto y oportunidades para que la persona deprimida experimente sanidad y liberación. Estos grupos pueden ofrecer un contexto ideal de pertenencia y base del ser en relación. Tales factores contribuyen al sentido de valer, al rubricado o la validación personal. Tal contexto permite el desarrollo de capacidades y oportunidades para la mutualidad sanadora y la eficacia propia.

En cuanto al contexto de expresión de los unos a los otros, la comunidad ofrece oportunidades mutuas para:

a. *Edificarse y crecer espiritualmente*
b. *Aceptarse en maneras básicas y profundas*
c. *Amonestarse cuando es debido*
d. *Dedicarse a tareas nobles, encomiásticas*
e. *Confesarse las faltas con honestidad*
f. *Orar e interceder*
g. *Servirse en amor*
h. *Llevar las cargas en conjunto cuando es posible*
i. *Ser bondadosos y misericordiosos*
j. *Perdonarse y practicar la hospitalidad*

Tales actividades interpersonales se constituyen en un contexto de sanidad espiritual, emocional y física. Permiten un alineado cognoscitivoemocional y una renovación mental del ánimo.

La comunidad sanadora sirve como base de orientación, guía espiritual, perspicacia y enfrentamiento hacia el futuro contra la ansiedad. También sirve como puente de reconciliación, de trazado de nuevos pactos entre cónyuges, familiares y amigos, con renovación personal, relacional y grupal. Dentro de este contexto, se fomenta el desarrollo, la madurez, el «Devenir» de la persona (llegar a Ser). A través del ministerio de la Palabra y del Espíritu puede tener lugar la reestructuración cognitiva, emocional y espiritual, con la adquisición de mejores modelos de vivir y de luchar.

La Comunidad Sanadora no es un «Country Club», pero sí un albergue en tiempos de crisis. Debe reconocer los eventos y acontecimientos pesarosos, el estado de vulnerabilidad y el ánimo caído, la poca resistencia y los escasos recursos de la persona deprimida y sin estrategias. Necesita reconocer los síntomas del estrés, la ansiedad, la depresión, el suicidio, los problemas de abuso, de peleas, de violencia familiar que muchas veces contribuyen al ánimo caído. También los problemas de vicios, drogas y alcohol que a menudo forman parte del contexto de las personas que sufren. Los problemas económicos graves muy a menudo forman parte del desasosiego de una persona deprimida. La verdadera solidaridad nace de un análisis crítico y objetivo de la realidad. El análisis crítico de las personas, del contexto familiar y socioecológico es tenido en mente. Luego, la acción creativa de intervención de ayuda adquiere cierta forma que obedece a razones obvias:

¿Crear algo que no existe?
¿Reconstruir algo que existió y que se arruinó?
¿Renovar algo entrópico?
¿Sanar heridas?
¿Resolver conflictos o dificultades?

Dicha acción creativa ayuda a la persona deprimida a no dejarse vencer por las vicisitudes ambientales que pueden contribuir, también, a la depresión situacional y reactiva del afectado:

- Racismo, discriminación, estereotipos
- Educación limitada, falta de recursos
- Falta de capacidad económica
- Viviendas deterioradas
- Violencia familiar: abusos, negligencia
- Crimen
- Hogares destruidos, madres solteras trabajando
- El estrés de la vida, con consecuencias psicológicas adversas.

La comunidad sanadora puede ofrecer albergue, contexto, estrategias y maneras de pensar, sentir y actuar que proveen:

1. Aliento, encomio, sostén
2. Orientación, alienación, reestructuración
3. Sanidad emocional

Con frecuencia hay que revitalizar las estructuras existentes, ya que las tales pueden ser agentes de maneras opresoras o funciones legalistas más que libertadoras. Si se hace un recuento de las estructuras existentes, hay que cerciorarse de hasta qué punto los

Grupos de damas
Grupos de caballeros
Servicios de oración, con énfasis en la liberación
Grupos de discipulado («células» o «comunidades de base»)
Visitación y apoyo a los hogares
Cuerpos de diáconos, diaconisas
Consejeros laicos

sirven como agentes de sanidad, de liberación, de encomio, de facilitación de perspicacia, sostén y ayuda emocional.

Tales estructuras existentes, si son funcionales y sirven propósitos fieles al cometido de salvar, sanar, educar, discipular, o permitir el crecimiento espiritual y emocional de las personas, pueden ser valiosas en cuanto a la utilización de medios de apoyo, sostén emocional, ayuda espiritual, formación o resocialización de actitudes y carácter con propósitos definidos.

Los líderes de tales grupos necesitan, por supuesto, una preparación funcional adecuada a los propósitos de sus empeños o tareas de asesoramiento o consejo.

4. *Los retiros personales*

Éstos pueden ser beneficiosos siempre que se les proporcione cierta estructura, ya que, como dijimos, la soledad puede actuar en forma adversa en el caso de la depresión. Se aconseja a la persona que pase tiempo a solas con Dios a fin de hacer un recuento de las posibles causas, de establecer ciertos criterios de confesión y de sondeo, de renovación mental y de afianzamiento en Dios a través de las pruebas. Pero es necesario anclar a la persona en un tutelaje o en una relación de cuidado respetuoso pero cercano, observador, cotidiano y responsable, para mantener una buena vislumbre del transcurso de la depresión y no permitir los desvaríos ni las aberraciones mórbidas. Se puede llevar un recuento escrito, una agenda o listas de pensamientos, sentimientos con alegaciones a Escrituras, alabanzas, himnos o consejos pertinentes a cada caso. Estos ejercicios permiten el indicio de un determinado control y de ciertas maneras predecibles de actuación bajo tutelaje y cuidado pastoral.

Los eventos, acciones concretas o conducta específica

Como cada persona es única y presenta síntomas concretos, diversos e idiosincrásicos, es difícil trazar un esquema o presentar un molde que se aplique a toda situación depresiva. Sin embargo, cabe señalar que en el tratamiento de la depresión se recurre a menudo a eventos específicos, tales como versículos escriturales apropiados, a oraciones de fe, a la imposición de manos de los ancianos o supervisores de una congregación, o al consejo pastoral propiamente administrado.

Basados en los principios enunciados anteriormente, y teniendo en cuenta los procesos espirituales que utilizan procesos cognoscitivos y emocionales (mente y corazón), como también los conductivos (voluntad), se recurre a elementos concretos aplicables en cada caso particular. A veces, una persona necesita perdonar a otra para liberarse de su propia necesidad de revancha. El perdonar no sólo deja libre al ofensor, sino que liberta al ofendido, ya que no da lugar a la ira, a la revancha y a la acumulación de enojos. A veces necesita ventilar sus enojos y su ira a fin de que la introyección de tales emociones no termine en una especie de almacenaje de depresión.

A menudo, la persona deprimida necesita reconocer la necesidad de sosiego y descanso, ya que la tensión y el nerviosismo, el estrés y sus consecuencias sobre el cuerpo y la mente empeoran la depresión. Concretamente, se le aconseja tomar tiempos libres, recrearse, esparcirse, coger unos días o semanas de vacaciones, si es factible. Es mejor tomarse esas treguas y no abrumar el sistema con más tensión emocional.

El poner límites y fijar ciertas demarcaciones entra en estos consejos, ya que se ahorra el sentido de culpabilidad, de nerviosismo, de perfeccionismo y autocastigo cuando se vislumbra no sólo la capacidad sino también la incapacidad humana. Al tener un asesoramiento de la realidad, la persona no necesita transgredir sus límites innecesariamente y funciona de forma más adecuada en cuanto a su fisiología y bioquímica. Esto se relaciona con lo espiritual, ya que al tratar de hacer la voluntad de Dios nunca se sabe hasta dónde ir, cuánto hacer, cuánto dar, etc., para estar más acertados o mejor encuadrados en la perfecta manera de ser y hacer las cosas. Dios no se deleita en zarzas que se consumen. Él da poder para arder y no consumirse.

La madurez espiritual:
hombros que sobrellevan la depresión

Todo lo que se ha venido enfatizando apunta hacia la meta de ministrar espíritu y vida a fin de que la persona depresiva desarrolle cierta capacidad de tolerancia hacia la ambigüedad, hacia la frustración y la paciencia en las pruebas. Con perspicacia y abnegación, la persona puede desarrollar, por así decirlo, «hombros anchos» para sobrellevar su malestar y considerarse vencedor a pesar de las circunstancias.

A tal punto, no hace falta negar la humanidad sujeta a vanidad y a las pruebas debajo del sol. No hace falta racionalizar ni suprimir los afectos. No es preciso negar la realidad del dolor

122

y del sufrimiento humano. Sin embargo, es necesario enfatizar que hay gracia y oportuno socorro, que hay aliciente y bálsamo para las vicisitudes por las cuales atraviesa el deprimido. La presencia de Dios, la Palabra de Dios y el poder de Dios proporcionan las bases extraordinarias que se ministran en la vida ordinaria para que la persona desarrolle su crecimiento espiritual. La presencia de hermanos con empatía, amor y disposición hospitalaria recalca que la comunidad se hace presente a fin de no dejar solitaria a la persona deprimida. Con tales bases de apoyo y sostén, de encomio y desafío, la persona puede desarrollar la capacidad de mantener su paz, su calma y su fe en medio de las tribulaciones sin sentirse martirizada ni sujeta a cierto masoquismo espiritual. El desarrollo de la estatura espiritual, de la madurez cristiana, proporciona bases para enfrentar, sobrellevar, desafiar y vencer aspectos depresivos. En ocasiones, aun el atravesar por hondonadas de sombras o «la noche oscura del alma» (poema de S. Juan de la Cruz) tiene su significado profundo sin destruir a la persona, pero más bien forma parte de su repertorio de vicisitudes.

La madurez espiritual hace que la persona no cuestione tanto los pormenores de una situación apremiante, ni simplemente le eche las culpas a Dios, sino que se reserve la actitud de disposición de aprendizaje, de sondeo y de fe que vence tales conjeturas. Tal fe permite el absorber de lo incongruente, de lo paradójico sin descartar a Dios de sus nociones porque Dios no cumple con ciertas expectativas encajonadas en los moldes estereotipados de la persona bajo situaciones apremiantes.

Tales consideraciones no están, necesariamente, a mano ni a la vista cuando la persona está profundamente deprimida. Sólo pueden ser vistas y consideradas cuando de forma retroactiva se analizan en su significado global. De tal manera hay que respetar los niveles cognoscitivoemocionales afectados por la depresión, con la meta de afianzar y ayudar a la persona a superar y sobrellevar su carga hasta el momento en que pueda reflexionar sobre su condición a un nivel más adecuado y superior. De otra manera, pretender apabullar a la persona con expectativas vencedoras, gloriosas y pujantes, cuando ésta se encuentra sobrecargada de depresión, es como «vinagre a los dientes y humo a los ojos», según hemos citado anteriormente (Proverbios).

Conclusión

Hemos hecho una reseña acerca de la depresión y sus posibles causas. Se han dado ciertos puntos acerca de su tratamiento, en casos de depresiones reactivas y de carácter psicológico y espiritual. Sin embargo, nos hemos dado cuenta de las complejidades de tales casos con la mentalidad sobria de no simplificar ni tratar levemente el asunto. Esto nos hace conscientes de la necesidad de un mayor aprendizaje sobre la materia y de una mejor preparación para un asesoramiento o consejo pastoral adecuado.

Es recomendable leer libros y artículos acerca de ello y tomar parte en cursillos o talleres especializados. Si se pretende realizar un mejor trabajo profesional, se puede pensar en adquirir supervisión y así entrenarse aún mejor, con casos específicos bajo el escrutinio de personas profesionales que han sido especializadas en la materia y que pueden proporcionar varios puntos de vista al respecto.

Y, sobre todo, se espera una concienciación alta en cuanto a empatía, a calidez y a presencia hospitalaria que permite que los afligidos y deprimidos se sientan «en casa» con uno.

Recordemos algo del primer ejército que David juntó: muchos menesterosos, afligidos, endeudados, deprimidos... Sin embargo, el espíritu tierno, fuerte, artístico, pastoral, empático y dedicado de David los hizo personas grandes, generales abnegados y valientes cuyos nombres figuraron luego entre los que capitanearon a las legiones de Israel.

11

Reacciones
de ajuste en la depresión

Cuando una persona experimenta cambios drásticos o pasa por experiencias de pérdidas o separaciones, puede manifestar, a diferentes niveles, cierto grado de perturbación emocional, con la depresión como característica en su estado afectivo.

Es muy común encontrar esta clase de experiencia cuando indagamos acerca de qué forma la persona se ajusta a los cambios. Existen diferentes criterios para diagnosticar esta clase de perturbación en personas que tratan de amoldarse a una nueva exigencia, un nuevo lugar, una ocupación diferente.

Tratamiento de las reacciones a los cambios

Cualquier clase de cambio puede ser el estímulo, el punto de referencia drástico, o el evento que suscita trastornos en el ajuste. El gaucho Martín Fierro supo de las consecuencias de los cambios, aun en la naturaleza: «Vaca que cambia de querencia, se atarda en la parición.»

Los cambios evolutivos no producen tal estado, ya que permiten el acomodo, la asimilación y el equilibrio con las fuerzas ecológicas y situacionales que presionan sobre el organismo que debe amoldarse. Son más bien los cambios considerados drásticos o revolucionarios, rápidos y demandantes, que presionan sobre el organismo en necesidad de adaptación. Tales experiencias pueden ser asesoradas.

Cambio de lugar

El trasladarse de un sitio a otro a veces actúa como refuerzo positivo. Si una persona se muda de un lugar precario a un lugar mejor, a un barrio de mejor categoría o a una casa más excelente, tal persona puede celebrar ese acontecimiento como una «ganancia». Lo contrario sucede en el caso de personas que pierden en el traslado.

Tenemos como ejemplo personas cubanas que perdieron sus posesiones, sus empleos y estado social en su país al trasladarse a USA, teniendo que empezar «desde abajo» y amoldarse a exigencias demandantes. Como consecuencia, experimentaron estrés, agravios, pérdidas emocionales y personales. Muchas personas en similares situaciones, con pérdidas de seguridad, ubicación, amistades, familiaridad y estado de equilibrio personal, experimentan reacciones de ajuste con síntomas depresivos que necesitan atención.

En la mayoría de los casos se necesita seguir ciertas estrategias de ayuda que promueven el equilibrio emocional que se logra a través del acomodo, la asimilación y el ajuste a las nuevas circunstancias.

1º Se aconseja la búsqueda de acomodo social, haciendo hincapié en averiguar dónde están los servicios necesarias para el funcionamiento normal. La novedad produce estrés. El acostumbrarse a las nuevas calles, al barrio, a la ubicación de tiendas, almacenes, supermercados, escuelas, hospitales y demás servicios, produce desafíos, aunque leves o mayores, que demandan acomodo, asimilación y ajuste. Todos los procesos requieren energía, tiempo y disposición. La pérdida de lo acostumbrado produce nostalgia, tristeza y a veces ira o enojo, frustración y estrés.

2º Se enfatiza la necesidad de apoyo moral, del encuentro de grupos de aceptación y sostén. La iglesia, con sus diferentes manifestaciones en lo referente a personas que se reúnen con cierto énfasis, representa un nivel de entrada que proporciona un punto de enganche, comunicación o introducción a la nueva experiencia. La búsqueda de individuos que se asemejan, que tienen ciertos rasgos culturales idiosincrásicos, tradición o costumbres, también sirve de mecanismos de ayuda en la adaptación. La pérdida de las relaciones acostumbradas produce nostalgia, tristeza y resentimiento, puesto que las relaciones nuevas no se equiparan a las acostumbradas. Por tanto, el «soltar» aspectos del pasado que impiden el acomodo al presente debe ser tenido en cuenta. Se enfatiza la abertura, disposición y flexibilidad en el establecimiento de relaciones nuevas.

Cambio de empleo

Muchas personas experimentan estrés al ser promovidas o rebajadas en su oficio o en su ocupación. Los cambios en tareas y la necesidad de ajuste a nuevas situaciones pueden producir reacciones de adaptación con depresión. En tales casos se aconseja la disposición flexible a fin de poder acostumbrarse, adaptarse y vencer las emociones que embargan o impiden tal ajuste. Las disposiciones generales de ayuda y las estrategias a ser utilizadas en el tratamiento de esta clase de depresión siguen las mismas líneas que en las depresiones de carácter unipolar menor.

Se aconseja a la persona se tome treguas, descansos más adecuados y mejor planeados, para no amontonar el estrés ni aumentar la tensión indebidamente. Se recomienda hacer un asesoramiento diario del nivel de adaptación, repasando las actuaciones diarias, las relaciones, las respuestas y reacciones a los diferentes cometidos y a las exigencias del nuevo empleo.

Se recomienda establecer buenas relaciones interpersonales no sólo en el nuevo trabajo, sino, más aún, afianzar las relaciones existentes, hablando con el cónyuge, con otros miembros de la familia capaces de escuchar, o con amigos. Se trata de estar a tono, al tanto y dentro de un marco de referencia que permita mantener control y cierta manera de predecir que la adaptación tiene lugar de forma adecuada.

Tratamiento de las reacciones a las pérdidas

No únicamente los cambios producen reacciones de ajuste, sino que también lo hacen las pérdidas. En cierta forma, las pérdidas son condiciones de cambios drásticos, repentinos o mayores que necesitan un cuidado especial. La palabra «crisis» proviene de la situación que provoca un desafío, un punto crucial donde se puede ganar o perder, subir o bajar, comenzar a sanarse o empeorar y morir.

Entre otras muchas pérdidas, las que se enumeran seguidamente tienen poder negativo para empeorar el estado de ánimo y provocar reacciones depresivas:

a. *Salud*
b. *Personas queridas –familiares*
c. *Estado civil, debido a la separación, al divorcio*
d. *Personas queridas significativas –amigos*
e. *Confianza, debido a traición, infidelidad*
f. *Posesiones*
g. *Trabajo, ocupación*
h. *Estado social y posición en un grupo*
i. *Estima propia, imagen propia*
j. *Juventud y vigor*
k. *Significado en la vida*
l. *Comunión con los miembros de una iglesia*

En cuanto a estas pérdidas, debe asesorarse si son revocables o irrevocables. Ha de tenerse en cuenta la temporalidad del asunto, pues es diferente hablar de una enfermedad pasajera que de un caso terminal. O si una pareja se separa por varias semanas para luego unirse, o si la separación es final.

En el caso de pérdidas temporales, el asesoramiento y el consejo provistos enfocan sobre la necesidad de mantener la visión en las posibilidades de arreglo, de solvencia o de recuperación del estado inicial.

Ciertas catástrofes personales elevan el estrés y requieren energía, denigran el ser y lo aprisionan en eventos y estados críticos que afectan a su funcionamiento. La separación conyugal, la rebelión de un hijo que se va de casa, el divorcio o crisis de enfermedad mayor en algún miembro de la familia, sirven de eventos críticos que afectan la salud mental de una persona. El individuo que experimenta tal clase de pérdidas puede manifestar síntomas depresivos. Al hacer cierto asesoramiento de la historia personal, se enfatiza en los sucesos que acontecieron en los últimos seis meses. Las pérdidas recientes que motivan a la persona a buscar ayuda son especialmente importantes y dignas de ser tenidas en consideración.

Puntos de vista: natural y trascendental

Lo importante en estos casos es permitir que el proceso de duelo se desarrolle de forma natural. La persona deprimida necesita trabajar con sus sentimientos y pensamientos, y las oportunidades deben ser provistas para que la realidad de aquella pérdida sea confrontada y aceptada. Luego aparecen las perspectivas nuevas, que forzosamente preceden a la disminución de la depresión.

Se debe asesorar de manera natural el grado de remedio a nuestro alcance. Hay que ver hasta qué punto las pérdidas son reparables, y para ello usar perspicacia, entendimiento y buena mayordomía en el establecimiento de criterios a seguir. Si hay que reponer, edificar de nuevo, restituir o reparar asuntos relacionales o materiales, se hace un recuento del daño y del costo de tales reparaciones en lo referente a tiempo, energía y recursos. Hay que tener presente también de qué forma aparecen tales pérdidas en comparación con lo eterno y lo propuesto por Dios en cuanto a valores trascendentales o finales.

El tener una perspectiva mayor de fe y de esperanza ayuda en la formulación de objetivos globales y en la proposición de dirección en la vida, ya que las pérdidas aparecen relativas a lo eterno, a lo significativo desde el punto de vista trascendental en el cual Dios pone el punto final al sufrimiento humano.

Cuando yo era niño, cantaba un corito que decía:

>*«Perder los bienes es mucho,*
>*perder la salud es más.*
>*Perder el alma es pérdida tal*
>*que no se recobra jamás.»*

Tal filosofía recalcó en el autor la necesidad de poner las cosas en perspectiva, ya que cualquier pérdida temporal que acarrea la depresión debe ser vista en relación a las cosas más importantes a las cuales se debe prestar atención. A la luz de Dios toda luz humana palidece. Del mismo modo, la perspicacia y perspectiva debajo del sol cobran un nuevo significado cuando se apela al entendimiento de la presencia de Dios en el tratamiento de la depresión causada por las pérdidas temporales. Nuestro trabajo consiste en proveer oportunidades para que Dios ilumine a la persona, a fin de ver desde otro punto de vista y cobrar ánimo, reanudar la marcha con energía suministrada por Aquel que prometió estar con sus discípulos y proporcionar poder para vencer al mundo y sus vicisitudes.

Para poder combinar las dos perspectivas, hay que tener en mente que la persona humana en su manera natural sufre las pérdidas y se deprime, pero que aun así tiene la capacidad de aferrarse a las promesas y a la presencia de Dios para renovar su mente y en forma verdaderamente terapéutica poner las cosas en orden. Al poner las cosas en perspectiva, se recalca que las ganancias experimentadas en la vida cristiana permiten ir más allá del encajonamiento o las ataduras naturales, y postular la realidad de tales ganancias para experimentarlas por la fe actualiza la paz de Dios en el corazón.

12

La depresión
en el duelo

Varios escritos acerca del duelo o luto han recalcado la necesidad de atención especial en tiempo de crisis. Kubler Ross ha enfatizado etapas o ciclos por los cuales atraviesa una persona que ha perdido a un ser querido a causa del fallecimiento, o que experimenta pérdidas mayores tales como el divorcio, la separación entre cónyuges o el alejamiento de un ser querido.

Duelo normal y anormal

Toda persona que sufre pérdidas comienza por atravesar cierta etapa de negación o *shock* que no permite aceptar totalmente el suceso. Es como si las defensas naturales de la persona actuaran para preservar o mantener la calma y la paz. En tal etapa no se insiste en enfrentar la realidad ruda ni se fuerza a aceptar cabalmente el suceso, sino que se respetan las defensas naturales de la persona. Lo más importante en tratar de ayudar es ofrecer presencia hospedadora y aceptación cálida, paciente y empática.

Una de las defensas en esta etapa es la negación de la realidad. Pareciera ser que la persona necesita tapar o no hacer caso a la realidad que golpea fuerte, que hiere o provoca la angustia. Hay que visitar a la persona a su conveniencia, sin forzar ningún asunto ni pretender «cantar canciones al corazón afligido». No es necesario contradecir la negación ni debatir filosóficamente el significado del dolor, del sufrimiento o del duelo. Lo necesario es «estar presente» en solidaridad.

Las etapas sucesivas del duelo incluyen la ira o enojo ante la vida por cuestiones que no necesariamente tienen respuestas adecuadas al ánimo de la persona atribulada. No se trata de altercar ni probar casos contrarios, sino de escuchar las cuestiones puestas por delante. La persona tiene ira y manifiesta enojo ante la pérdida, tratando de echar culpas a diferentes personas (a Dios, a los médicos o a cualquier otro involucrado en el asunto).

La persona que ayuda debe desarrollar tolerancia hacia la ambigüedad y, con paciencia, permitir la expresión de las consideraciones del afectado en su mezcla de dolor y enojo. Tal vez caben ciertas explicaciones de lo natural que resulta ser el tener tales emociones hacia la persona y a los miembros de la familia inmediata.

Las preguntas son innumerables y carecen de solución inmediata. Las filosofías, las respuestas sistemáticas y dogmáticas o las estereotipadas no alcanzan en tales casos sino el escuchar con atención y el reconocimiento ante el dolor: El ser humano es finito, incapaz de comprensión total ni de abarcar por completo el entendimiento del porqué de las cosas. Sin embargo, a través de la fe y de la confianza en Dios puede aspirar a esperar en la paz que sobrepuja todo entendimiento y guarda el corazón en tales casos.

En muchos casos la ira se almacena por introyección y se mezcla con la culpabilidad de pensar contra Dios, contra sus semejantes y contra sí mismo, con la consiguiente depresión. No sólo la pérdida evoca dolor y nostalgia, sino que también se une a las introyecciones pesarosas, catapultando la depresión que viene y va a modo de ondulaciones variadas en intensidad y duración. Tal proceso tiene lugar entre seis meses y un año. Esas olas parece que van disminuyendo con el tiempo, hasta lograr cierto equilibrio y retomar el cauce de las actividades emocionales corrientes.

La depresión aparece entremezclada con este proceso de

duelo. Las explicaciones dadas anteriormente pueden presentar ciertas bases para el entendimiento de tal emoción. La persona ha perdido un objeto de amor y experimenta la ansiedad de la separación con angustia personal. También experimenta la ira por el abandono, la perplejidad por lo acontecido y la confusión resultante. Es posible que haya introyectado ira y almacenado asuntos sin terminar. Tales asuntos incompletos han desarrollado cierta tensión interna y evocan nostalgia mezclada con desilusión, vacío emocional y carencia de refuerzos positivos.

Con el correr del tiempo, ayudar a la persona toma su cauce de apoyo y sostén, con la finalidad de permitir la aceptación de la realidad y la conexión hacia otras personas y fines, hacia metas y significados presentes en otros aspectos de la vida.

Reacciones crónicas

Si pasado ese tiempo la persona no se ajusta a la pérdida, aparecen ciertas manifestaciones patológicas con retraso y con síntomas psicosomáticos. Es común notar aberraciones en el sentir y pensar, en las emociones y en su actuación. El afectado no abandona su pesar, sino que lo alimenta y llega a manifestar síntomas que corren paralelos a los de la persona difunta, con cierta mímica o semejanza en cuanto a tipo o grado. A veces se nota cierto «culto al difunto», y todo el tiempo, energía y actuación se dedican a preservar intacta la memoria de la persona, con objetos, lugares o tareas que evocan la presencia en ausencia.

El autor ha tratado con personas que, pasados dos años, todavía guardaban el cuarto, el ropero, los utensilios y objetos de uso personal de forma corriente, como si la persona estuviera aún viviendo en la casa. En casos extremos, hasta ponía la mesa con platos y utensilios, como si aquella persona estuviera presente en la comida.

La terapia o el consejo a proporcionar en tales casos requiere el asesoramiento de la realidad y, de forma progresiva y constante, hacer hincapié en la conveniencia de aceptar dicha realidad y tratar con la pérdida en manera funcional. Se enfatiza la catarsis, la desensibilización y la vuelta a las actividades diarias y corrientes, sin culpabilidad ni vergüenza, sin dobleces ni dudas. Más bien se enfatiza en la necesidad de proseguir y buscar significado en la vida más allá de las pérdidas. La vida en sí es un conjunto de pérdidas y de ganancias que se suceden de forma paulatina.

Facilitando el proceso

Debe reconocerse la necesidad de respeto ante cualquier duelo normal. Se asesora si la persona va más allá de lo considerado lógico cuando rehúsa aceptar la realidad y se atrinchera en su dolor más de lo normal. Se mantiene como base el período de seis meses a un año para observar si el afectado es consciente de la realidad de la pérdida. Si éste experimenta reacciones normales, se le ayuda a ajustarse a las exigencias de la vida en manera asidua, primero con contactos semanales, luego más pausados, con la alusión de estar dispuestos a su criterio.

En casos acentuados, patológicos o anormales, se necesita comprobar el grado de aberración o desajuste. Se debe prestar atención al proceso de distorsiones cognoscitivo-emocionales, a la espiritualización de los eventos y a las atribuciones de la persona, a fin de enfocar hacia la realidad definida en forma adecuada y social. Se apela al entendimiento escritural para ver hasta qué punto la persona entiende, atesora, aplica o actualiza su afinidad con los asuntos espirituales.

13

La depresión
y el suicidio

En casos de depresión profunda aparecen pensamientos suicidas correlacionados con los demás síntomas presentes. Los intentos suicidas, si se manifiestan de forma acentuada, dan a entender situaciones críticas con la necesidad de una intervención rápida y cuidadosa.

El suicidio es uno de los problemas más difíciles de afrontar en casos necesitados de ayuda emocional. Es a menudo que en las profesiones de psicología, psiquiatría, enfermería, medicina, educación o en ramas de trabajos policiales tienen que enfrentarse a condiciones suicidas. En el ministerio pastoral o discipulador también se enfrentan a tales casos y se necesita evaluar la situación apremiante.

Prestar atención

Existen determinadas ideas, no necesariamente ciertas, con respecto al suicidio. Como todo mito, tales ideas nacen y se desarrollan popularmente, rodeadas de cierto «halo» y de mezclas de realidad y ficción. Entre ellas podemos citar algunas.

— *«Si una persona es profundamente espiritual, nunca intentará el suicidio.»*

No es del todo correcto afirmar tal cosa, ya que algunos que fueron líderes de la iglesia y que demostraron ejemplaridad en sus vidas, en momentos de desesperación no se aferraron a sus creencias ni a sus valores mayores. No nos toca a nosotros juzgar su actuación ni tampoco corroborar tal conducta; simplemente apuntamos el hecho de que ministros, rabinos, pastores y educadores han dado este paso funesto.

— *«Si la persona amenaza con suicidarse, no lo llevará a cabo.»*

Tal frase no es cierta. Si existen amenazas hay que tomarlas en cuenta. Si no se presta atención, el afectado puede interpretar dicha actitud como un desafío y «probar» que tiene cierto orgullo mórbido.

— *«Las amenazas suicidas son simplemente gritos de socorro. Representan manipulación y tratan de llamar la atención.»*

Esta afirmación no siempre resulta cierta. En muchos casos, la persona utiliza las amenazas para determinadas ganancias secundarias en cuanto a atención o control de otras personas. Sin embargo, en otros muchos casos resulta una exclamación verdadera.

— *«Si la persona trató de suicidarse antes y no lo hizo, no lo va a intentar otra vez.»*

Tampoco es necesariamente cierto, ya que las personas que se suicidaron habían tratado de hacerlo en anteriores ocasiones, pero por una u otra razón fueron rescatadas.

Reconocer la crisis

La persona con intenciones suicidas usualmente atraviesa situaciones de crisis, experimentando un desequilibrio en su organismo o en su capacidad para hacer frente a los problemas. Las maneras de resolver los problemas parecieran no trabajar

136

como de costumbre. Las alternativas de acción parecieran ser reducidas. El afectado siente que se agotaron sus esperanzas, planes, ideas o alternativas de ver que las cosas pueden aún mejorar.

Su capacidad para manejar el estrés está disminuida, con deficiencias en la utilización de los mecanismos de defensa que, en condiciones normales, trabajan a favor de la persona.

Tal vez el factor más preponderante es la percepción del grado de dificultad experimentada, con la adjudicación de la importancia abrumadora del problema y la falta de tolerancia acoplada a los sentimientos de inutilidad o ineficacia. La presión de tal situación empuja a la persona a dar pasos rápidos, muchas veces ilógicos o irrazonables. No olvidemos que sus procesos cognoscitivos son afectados por la depresión. El pensar, el razonar, el grado de percepción, la atención, la memoria y las atribuciones de significado a la realidad aparecen distorsionadas y dan lugar a estados que abruman la capacidad de resolución de conflictos o problemas. Tales acciones rápidas suelen ser poco adaptativas, y en muchos casos se manifiestan los atentados suicidas.

La crisis experimentada representa un estado que no se tolera indefinidamente, sino que necesita atención crucial. Algo debe cambiar en las circunstancias o en la persona que las atraviesa. La iniciación de la ayuda emocional debe ser hecha con prontitud, y la intervención terapéutica durante la crisis puede inducir a la persona a tomar una mejor resolución.

Establecer el significado de la comunicación suicida

Los pensamientos y los gestos suicidas representan un aspecto comunicativo a través del cual se expresan los sentimientos de desilusión, pérdida de esperanzas, de visión y de lucha. También se manifiestan sentimientos de inutilidad e ineficacia propia. Tal vez tales expresiones son formas más primitivas de transmitir un mensaje que pareciera fallar en otros sentidos o dado en otras maneras. La persona siente que nadie la entiende y que no existe una comprensión hacia sus dilemas. Según su propia estimación, los que están a su lado no atienden a sus necesidades debidamente, pues trató de enviar mensajes verbales, quejas, demandas, peticiones, insultos y otras clases de expresión requiriendo atención, pero sin resultados. El gesto suicida representa un mensaje potente cuando otros métodos en la percepción de la persona han fallado.

El mensaje suicida puede representar varios tonos de crisis en la persona:

Desilusión. «No queda nadie fiel a su palabra o sus promesas. La confianza se ha perdido en todas las personas.»

Desesperación. «No hay nada que me ayude. Todo ha fracasado. No existen alternativas.»

Queja. «No han prestado atención a mis necesidades. No me han hecho caso. No cuento para nada.»

Venganza. «Me voy, pero me las pagan por su culpabilidad. Van a tener que lidiar con mi muerte.»

Heroísmo idiosincrásico. «Si hago esto doy muestras de valentía y arrojo, honor y dignidad. Me van a recordar como una persona con principios que no se dobla ni rebaja.»

La comunicación puede ser dada en forma verbal: «Me voy a matar». Pero también puede darse en forma de acción, como el procurarse pastillas nocivas, veneno, o comprando un revólver. En ocasiones, la persona prepara su testamento o lo revisa, dando a entender ciertas intenciones pesimistas. A veces la persona distribuye sus posesiones de maneras obvias, regalando sus artículos especiales o nostálgicos que representan aspectos de su vida que en algún momento tuvieron otro significado mejor. Tales acciones hacen entrever una especie de señal que procura ser recibida y atendida por otras personas.

La comunicación puede ser a nivel general, pero en la mayoría de los casos apunta a personas determinadas. Cuando es difusa y general, se necesita establecer las intenciones de los mensajes subliminales y procurar entender el contenido real de los mismos. El asesoramiento y la evaluación de los mensajes suicidas ayuda grandemente en la disposición de ayudar con eficacia, ya que las respuestas adecuadas a esta altura permiten prevenir el desarrollo de etapas sucesivas de elaboración y planificación lúgubre que terminan en la acción suicida en sí.

Asesorar y reconocer el estado de ambivalencia

La persona deprimida experimenta una lucha interna. Por un lado, su falta de esperanza, su desilusión con la vida y su percepción de incapacidad o inutilidad la empujan a tomar la vía del suicidio. El enfermo quiere terminar con tal existencia. Por otro lado, su apego a la vida y la necesidad de encontrar cierto significado en su lucha, hacen que se aferre a la posibilidad de que algo puede pasar y rescatarle de tal situación.

Por ejemplo, una señorita con angustia, ira y enojo contra su novio que la ha abandonado por otra persona, llena de odio y rencor ingiere una dosis enorme de pastillas para dormir. Antes de perder el conocimiento, aterrada, llama a una amiga o a un familiar por teléfono para que sepan qué es lo que sucede y puedan intentar rescatarla. Una parte de ella quiere terminar con todo, pero la otra parte se aferra a la vida por medio de gritos de socorro hacia alguien que le demuestre cuidado y amor.

Un anciano que tiene una enfermedad terminal se siente desposeído y abandonado por sus familiares. Elabora un plan para terminar con su vida, caminando hacia un puente colgante que separa su ciudad de otra provincia. Planea en su mente saltar del puente hacia el agua, a varios metros de profundidad. Pero antes de hacerlo deja una nota en la mesa de la cocina sabiendo que alguien viene a limpiar su apartamento dentro de media hora. Su apego a la vida hace que, por lo menos, deje constancia de sus planes, para que alguna persona pueda socorrerlo y darle algunas pautas de discernimiento.

La ambivalencia de las personas suicidas se hace notar, con la relación entre las fuerzas de las dos tendencias opuestas variando entre distintas personas, y también variando en la misma persona en situaciones diferentes. Tal vez la tensión entre estas fuerzas opuestas hace posible la intervención, ya-que se enfatiza la necesidad de trabajar afiliados a la parte de la persona que quiere luchar y vivir. Es necesario evaluar los motivos y su relación entre las fuerzas antagonistas presentes, para luego afianzar y establecer un contrato o alianza con la parte fluctuante que se aferra a la vida.

Principios básicos en la prevención del suicidio

En los procesos terapéuticos hacia las personas suicidas se experimenta el efecto que el dilema presenta a la persona que ayuda. La comunicación puede suscitar sentimientos de ansiedad, de angustia, terror, ira y enojo, y de otros aspectos emotivos. Pareciera que la crisis golpea a las puertas de las cuestiones sin resolver de la persona que con buenas intenciones se da cuenta de que su propia finitud, humanidad y precariedad entran en juego. Es necesario anticipar tales condiciones propias y aceptar el hecho de ser reactivos ante tales crisis.

Las situaciones suicidas levantan o suscitan la ansiedad y el sentido de dudas acerca de cuán adecuado, competente, capacitado o hábil es el consejero. Hay que reconocer el hecho de que cierta ansiedad y dudas son universales y están presentes en la situación y que no hay por qué anonadarse. Sin embargo, la ansiedad excesiva hará que la persona que aconseja pierda su efectividad pues no puede comunicar paz, sobriedad, firmeza ni punto de apoyo a la persona necesitada. Es a través de la experiencia con muchos casos que se desarrolla cierta confianza. Se aconseja buscar una supervisión adecuada de tales casos, para afianzar el desarrollo de las intervenciones críticas.

Existe entre las personas que aconsejan una tendencia general a desear cierta omnipotencia en el afán de ayudar en tales casos. Al tratar de resolver todos los problemas que se presentan y acatar todas las demandas que se vierten, se hace patente la necesidad de tener más recursos, de poseer más sabiduría, de ejercitar dones que con poder resuelvan la situación. Sin embargo, es obligado reconocer la incapacidad de prestar soluciones absolutas en todos los casos. Especialmente en casos de personas muy necesitadas que dependen profundamente de sus consejeros, se presentan ciertas atribuciones de omnipotencia hacia la persona que ayuda. Se le imputan poderes de salvador, rescatador, abogado, defensor, puente de contacto hacia otras personas, y un sinnúmero de roles o papeles.

Los siguientes comentarios están basados en las investigaciones hechas al respecto por agencias e instituciones que trabajan en la prevención del suicidio. Son suminsitrados aquí como guía hacia la intervención efectiva.

1. *Establecer una relación apropiada*

La primera etapa consiste en establecer un contacto en el cual se adquiere la información necesaria para el proceso de ayuda. La persona que aconseja debe ser paciente, confiada, con esperanzas y fe. Debe mostrar interés y cierto conocimiento de actuación en tales circunstancias.

Hay que hacerle ver que el hecho de buscar ayuda en tal crisis es lo más correcto. La persona que ha dado cierta señal ha demostrado que aún tiene aspectos que se aferran a la vida y a la lucha. Se refuerza este dato con comentarios positivos y se asegura al afectado que se le acepta incondicionalmente.

La actitud de disposición positiva es importante. Tanto la conducta verbal como la no verbal deben mostrar respeto, cuidado, afecto no posesivo y empatía cálida. En el ambiente en el cual se ayuda tiene que haber un sentido de paz y sobriedad, de seguridad y hospitalidad.

2. Identificar y esclarecer el problema

Ya se ha dicho que, debido a la depresión, la persona con tendencias suicidas manifiesta aspectos confusos y distorsionados en sus percepciones y atribuciones, en sus juicios y actuación. Al aconsejar, debe esclarecerse el problema, mediante un análisis del caos y la desorganización. La claridad de los detalles no siempre está presente, pero debe ser buscada.

Uno de los aspectos importantes en esta etapa es el de esclarecer y definir el problema en términos concretos: cuál es el problema mayúsculo y cuáles son los aspectos periféricos, secundarios, contribuyentes o complementarios.

3. Evaluar el potencial o riesgo suicida

Se trata de asesorar el grado de probabilidad que la persona manifiesta en cuanto a realizar sus intentos suicidas. Los indicadores que detallamos a continuación no son dados de forma dogmática ni absoluta, sino simplemente como aspectos que, en conjunto, dan a entender ciertos criterios a ser tenidos en cuenta.

a. *Edad y sexo*. Existen ciertos criterios que se correlacionan con los intentos, en términos de edad y sexo. Las estadísticas muestran que la probabilidad de suicidio crece con el aumento en la edad, y que los hombres son más propensos a realizar sus planes. Sin embargo, cualquier edad y cualquier sexo es propenso a tener pensamientos y planes suicidas cuando la depresión es profunda y la persona pareciera haber perdido sus esperanzas de tener una mejor vislumbre.

b. *Estrés*. Problemas que causan tensión, angustia, ansiedad y estrés, aparecen como factores muy importantes. La muerte de seres queridos, las separaciones, el divorcio, la pérdida de empleo, de dinero o de prestigio pueden ocasionar un estrés mayor del que la persona puede sobrellevar. Hay que averiguar el nivel de desorganización y de incapacidad causado por la tensión emocional.

c. *Síntomas*. Diferentes condiciones psicológicas presentan una variedad de síntomas relacionados con el suicidio. La depresión es uno de los mayores problemas: aspectos psicóticos, autísticos, ilógicos son acoplados con agitación o letargo. Hay que tener presentes todos aquellos síntomas de la depresión que ya hemos considerado. Los estados psicóticos se caracterizan por delirios, alucinaciones, falta de contacto con la realidad, desorganización e ideas muy peculiares, incluyendo la despersonalización. Los estados de agitación incluyen tensión, ansiedad, culpabilidad, vergüenza, ira, falta de control de los impulsos, venganza y sentimientos de desesperación. Se incluyen en esta categoría aquellas personas con adicción al alcohol o a las drogas.

d. *Estabilidad*. En cuanto a la manera o estilo de vivir, hay que averiguar si la persona es estable o inestable; si ha trabajado constantemente por un buen tiempo o ha tenido muchas peripecias. Se deben observar las relaciones conyugales o familiares, en cuanto a comunicación, mutualidad, apoyo, recursos emocionales presentes y el grado de satisfacción personal. Si existe un historial anterior de atentados suicidas, tales pensamientos se repetirán en más de una ocasión. Aunque en grado agudo, el suicidio se puede presentar tanto en estados estables como inestables, si bien las situaciones más crónicas y atentados repetidos aparecen más a menudo cuando se dan condiciones inestables.

e. *Comunicación*. Hay que averiguar si la persona está conectada y se comunica con otros, o si se ha vuelto más huraña, taciturna, solitaria o ermitaña. Si ha cambiado su estilo de relación o comunicación interpersonal, hay que prestar atención esmerada al asunto, pues aun cuando la persona se comunique, si su manera o estilo hacen prever que está retrayéndose, como ya hemos indicado anteriormente, emitirá mensajes en forma de llamadas de socorro que pueden ser verbales directos e indirectos.

f. *Plan.* Si el enfermo se comunica y en su interacción con los que le ayudan da a entender que no sólo tiene pensamientos suicidas sino que ha elaborado un plan concreto, estamos ante una situación más grave que necesita una intervención más pronunciada. Los elementos que se tienen en mente son la gravedad del método propuesto, la disponibilidad de tales ocasiones o métodos y cuán específicos son los detalles del plan. Si vemos que la persona prepara sus pertenencias para repartirlas o si hace un testamento –cuando en raras ocasiones manifestó tales tendencias–, hay que prestar atención esmerada al asunto.

g. *Recursos disponibles.* Se debe asesorar el contexto social de la persona. Quiénes representan su apoyo, sostén, refuerzo y significado en las relaciones conyugales, familiares y amistosas. Hay que averiguar si se relaciona con personas de forma continua o esporádica, o si estos aspectos de su vida carecen de valor o no existen. Cuanto más solitaria y desposeída está la persona, mayores son los riesgos que se acarrean.

La relación con sus seres queridos puede ser vista como un aspecto positivo; sin embargo, a veces son las relaciones con los familiares las que proporcionan el estrés, la angustia y la depresión. El hecho de estar rodeado de gente no significa que automáticamente la persona se siente bien. A veces es debido a la reacción negativa a los enredos familiares, a la falta de límites y de libertad emocional, a la falta de esclarecimiento de expectativas y de roles entre los familiares que la depresión se acentúa y proporciona bases para que la persona aumente sus gritos de socorro. Las reacciones negativas, los juicios dogmáticos, la censura indebida, las sobrecargas emocionales entre miembros de una familia catapultan el estrés.

h. *Problemas médicos.* Si el afectado sufre cierta enfermedad incurable, es fácil ver que puede perder las ganas de vivir. En tales casos, se debe trabajar en el restablecimiento de significado de la vida, con fe y con referencia a Dios como autor y Señor de la vida. Ciertas enfermedades, aunque no terminales, traen consigo los síntomas de la depresión y pueden inducir, a su vez, a pensamientos suicidas.

En términos generales podemos decir que esos indicadores en manera aislada no necesariamente deben producir alarma, pero tomados en conjunto pueden dar ciertas pautas para estar precavidos.

4. *Considerar los recursos de la persona*

Después de establecer contacto, de enfocar el problema de manera concreta y adquirir cierta perspectiva acerca del grado de riesgo, hay que prestar atención a los factores positivos presentes en la persona en lo referente a sus capacidades para sobrellevar la crisis. Aunque aparezcan un sinnúmero de síntomas y los datos suministrados indiquen varios aspectos negativos, tal vez los factores positivos que la persona demuestra tener son poderosos para compensar en cierta forma sus desavenencias.

Si la persona se conecta, da pruebas de escuchar y seguir ciertas directrices, manifiesta un determinado grado de confianza o se aferra a una línea lógica de base, nos proporciona unas señales muy importantes. Si es capaz de lograr ciertos cambios emocionales hacia maneras más positivas, aun dentro de la misma sesión de ayuda, tal aspecto es también un indicador positivo.

Se deben considerar los recursos a disposición en cuanto a personas que representan apoyo y sostén, situaciones positivas o centros disponibles para la ayuda terapéutica. Tal vez se precise del servicio de profesionales involucrados en el asunto para prestar una mejor atención. Es muy importante tener una percepción clara del papel que tanto la iglesia como la utilización de recursos espirituales juegan en la vida de esa persona.

5. *Formular un plan*

Cuando se tiene la suficiente información y asesoramiento de la situación, una vez vista la perspectiva del problema, el grado de riesgo y los recursos disponibles, hay que formular un plan o estrategia de ayuda. Los casos de más riesgo necesitan ayuda más activa y rápida. Hay que conectar con miembros de la familia y trabajar con el sistema, movilizando todos los recursos disponibles en la familia, en los amigos y en la iglesia, siguiendo los criterios de confidencialidad, respeto y buen sentido común.

No se trata de desparramar sino de contener la situación. Los mecanismos de ayuda y movilización de personas deben llevarse a cabo con una estrategia que demuestre que se apela a lo necesario sin divulgar datos innecesarios a personas inadecuadas.

En el trabajo con deprimidos suicidas, hemos de advertir acerca de la posibilidad de tener que ir más allá de esa confidencialidad. Si la persona deprimida trata de quitarse la vida, la persona que ayuda se siente obligada a intervenir aun en contra de la voluntad de tal persona, acudiendo a la actuación de emergencia con instituciones psiquiátricas, valiéndose de médicos, psicólogos y aun de la policía, para proveer un ambiente de seguridad momentánea por medio de la hospitalización. Tal medida responde a sus bases éticas y a la decisión del consejero de proteger a la persona contra sus propios atentados irracionales o impulsivos.

Después de la etapa inicial se puede referir a las actuaciones de ayuda terapéutica subsiguientes, haciendo uso del contenido de este libro en lo que se refiere al consejo en situaciones críticas.

Apéndice

Caso en tratamiento

Depresión ontológica

«G» es un muchacho que está en tratamiento porque experimenta una profunda depresión. Lo han tratado varias veces psicólogos y psiquiatras, sin mayores resultados.

Tiene los síntomas clásicos: Pérdida de peso, pérdida de sueño, falta de energía y ganas de vivir. Si bien le asaltan pensamientos suicidas, no tiene un plan formulado de forma específica, sino vagos pensamientos al respecto. No se relaciona con mucha gente y vive solo en un apartamento alquilado. No tiene novia, aunque ha tratado de relacionarse de cerca con varias jóvenes, que lo rechazan por no ser jovial ni social. Experimenta la falta de atención y concentración y no puede reconciliar el hecho de haber estado en un programa doctoral en lenguas germánicas, en una universidad muy competitiva, que tuvo que abandonar por causa de no poder cumplir con sus requisitos académicos.

Luego de sondear la historia, los síntomas, las demandas de aquella persona se volvieron hacia preguntas muy profundas acerca de su ser, visto de manera imperfecta, con un hondo vacío y culpabilidad, desasosiego y frustración, con angustia y autocastigo. Preguntas acerca del porqué del sufrimiento, indagaciones de carácter global, con sensibilidad extrema acerca de los males en el mundo, de las injusticias y del dolor percibidos.

«G» parecía ser una esponja que absorbía todo cuanto pasaba a su alrededor, sin barreras protectoras ni límites personales. Sollozos, silencio y angustia profunda caracterizaron las sesiones, sin experimentar alivio ni atender a ninguna clase de consejo, aliento, apoyo, confrontación o interpretación. Al tratar de arribar a un diagnóstico, el caso ofreció perplejidades, ya que se encuadraba en varias categorías: Depresión unipolar, desorden de carácter afectivo, depresión endógena, ajuste reactivo a las circunstancias, o *angst* existencial.

Desde un principio se pensó en la combinación de farmacoterapia y de psicoterapia, pero «G» trató de evadir el camino de la bioquímica. Las sesiones de terapia fueron semanales y, en cada una de las ocasiones, «G» volcó su corazón, tornándose su congoja en llanto. La contratransferencia fue enorme: donde el terapeuta experimentó el hundimiento en una consideración ontológicoexistencial, «G» se expresó como «derritiendo y fundiéndose con la alfombra del piso».

Pasaron varias semanas y su angustia aumentó. Se hizo de nuevo referencia al tratamiento farmacoterapéutico, ya que sus familiares estaban muy preocupados por su salud física y mental y trataron de apresurar los resultados. «G» trató de persuadirlos a que lo dejaran en paz, pero sintió que las presiones y expectativas eran muy grandes y que él no podía encuadrarse en las mismas. Tras un año de tratamiento y de forcejeos con las ideas de querer bastarse por sí mismo o de dejarse ayudar, experimentó ideas suicidas y terminó yendo a un hospital cercano, donde se le diagnosticó una depresión aguda con carácter psicótico, administrándole drogas (antidepresivos tricíclicos) a fin de ayudarle en su mejoramiento.

Pese a que en el hospital trataron de persuadirlo para que cambiara de terapeuta porque consideraron que los temas espirituales eran innecesariamente tratados y que precisaba de un cambio de acercamiento, «G» insistió en volver a su terapeuta cristiano para seguir indagando acerca de sus luchas ontológicas. Hubo ciertas referencias acerca de la posibilidad de que las variables espirituales aumentaban su depresión en vez de aliviarla, si bien tales conjeturas fueron hechas por aquellas personas que, precisamente, vieron el cristianismo de forma desfavorable.

A causa de sus pensamientos suicidas, terminó siendo hospitalizado por espacio de tres semanas. El terapeuta fue al hospital y lo visitó, participando en reuniones conjuntas con el personal del centro, en las cuales se dictaminó el curso de acción y se planeó la estrategia a seguir. Y por común acuerdo del personal del hospital, se convino que, después de haber fallado el tratamiento con antidepresivos tricíclicos y los MAO-inhibidores, la única alternativa era la administración de *shocks* eléctricos. «G» fue transferido a un hospital mayor y sometido a terapia electroconvulsiva, con un experto en la materia y el mejor cuidado posible.

Después de trece sesiones de tal tratamiento, «G» volvió a psicoterapia con el terapeuta, insistiendo en su necesidad de buscar alivio espiritual, con una carta del doctor que administró la terapia electroconvulsiva en la cual se expresó que *la depresión de «G» es de carácter ontológicoexistencial* y que ningún tratamiento ha dado resultado.

Es así como se retomó el rumbo de las expresiones de carácter ontológicoexistencial, descubriendo aspectos profundos de culpabilidad debida a no encuadrarse en un perfeccionismo arraigado en la mente. El sondeo de sus luchas reveló sus tentativas por tratar de agradar a Dios sin resultado alguno, con hipersensibilidad hacia las demandas legalistas, las expectativas desmedidas y los autocastigos y autoflagelaciones resultantes a causa de las fallas en el vivir.

Los temas que una vez tras otra aparecieron en las consideraciones fueron el sentido de futilidad debajo del sol, de la vida en sí, queriendo encontrar un significado trascendental a las peripecias, vicisitudes y trivialidades de cada día. El sentido de culpabilidad profunda, añadido a la ansiedad de encontrarse como humo errante, finito y mortal, sin perfección y carente de alcance significativo.

La terapia tomó un rumbo de purgación, de vuelco de tales

acusaciones propias, de juicios y angustias, de ansiedad y terror, de culpabilidad y desasosiego. Todo a la luz de la gracia y misericordia de Dios, que por necesidad debían ser traídas constantemente al contexto. La presencia aceptadora, empática, sin prejuicios ni expectativas, del terapeuta eran desafiadas por «G», que se negaba a ser aceptado, sin creer que alguien pudiese aceptar lo que él mismo había rechazado, denigrado y condenado.

A través de terapia existencial, de presencia y paciencia, las sesiones se fueron tornando hacia la reformulación de un nuevo cuadro, con la renovación mental y la atribución de otro significado de la realidad. Cada sesión era una especie de paréntesis dentro del cual, «en el aquí y en el ahora», se enfatizaba lo corriente y presente, lidiando con el pasado que se asomaba para irrumpir con culpabilidad y vergüenza, o con el futuro que se asomaba con ansiedad. Desde los aspectos cognitivos («Yo pienso, por lo tanto soy»), y de los emocionales («Yo siento, por lo tanto soy»), así como también del énfasis conductivo («Yo hago, por lo tanto soy»), «G» pasó a considerar su existencia como base para el enunciado de un nuevo principio: «Yo soy, por lo tanto pienso, siento y hago.»

En lugar de aceptar las definiciones de su pasado, provistas por su socialización y su historia personal y familiar, o de las definiciones presentes proporcionadas por sus peripecias y las personas consideradas como sellos de aprobación, «G» cobró fuerzas internas para comenzar a enunciar sus propias definiciones de ser y devenir. Llegó a postular su arraigamiento en Dios, el gran «Yo Soy el que Soy», para afianzar su pequeño «yo soy» por la fe. Consideró su posición «en Cristo» como base para sus definiciones cotidianas, y de forma concreta trató de basarse sobre tales afirmaciones para desafiar sus sentimientos y su «andar por vista».

La terapia duró tres años, en los que «G» experimentó transformación de sus procesos y estructuras, hábitos y actitudes, para emprender después su carrera otra vez, con paciencia, aceptando primero trabajos leves y luego más desafiantes.

150

De manera gradual, «G» emprendió sus aventuras sociales, con desensibilización y con mucho apoyo emocional, logrando establecer relaciones con una señorita que llegó a ser una compañera fiel y buena escucha, desafiando a su vez una mayor actuación en cuanto a la jovialidad, al esmero y la actividad social. Tras varios meses de noviazgo, el terapeuta fue invitado a presenciar la boda de la pareja en una iglesia de la comunidad.

La terapia había terminado, pero «G» siguió enviando tarjetas postales en algunas ocasiones. Transcurridos un par de años, aparecía una tarjeta por la oficina, en el día de Acción de Gracias, con el reconocimiento de la gracia de Dios y de los vehículos utilizados en la sanidad emocional.

El caso citado presenta diversos desafíos y preguntas:

1. *¿Era necesario acudir a la farmacoterapia? ¿Qué hubiera podido pasar si se prescindía de tal intervención?*
2. *¿Era preciso hospitalizar al paciente? ¿Cuáles serían las alternativas en caso de que la hospitalización no fuera lo adecuado?*
3. *¿Se tenía que volver al mismo terapeuta después de haber peregrinado por el hospital, otros proveedores de servicios, y de ser tratado con métodos electroconvulsivos?*
4. *¿De qué manera se pudo restablecer el contrato terapéutico una vez alternado con intervenciones de otra índole?*
5. *¿Hacía falta una purgación larga de los asuntos ontológicos, existenciales y espirituales?*
6. *¿En qué forma un diagnóstico ayuda a la provisión de terapia adecuada? ¿Qué diagnóstico aparece como funcional en el caso? Si hubiese otra forma de catalogar el caso, ¿cuál sería?*
7. *¿Qué clase de transferencia y contratransferencia sucedió en el caso?*
8. *¿Qué de la terminación y la intervención aparte del contrato terapéutico? ¿Cuál es el significado de la invitación a la participación del desenlace final del encuentro?*
9. *¿Qué importancia debe darse al contenido del caso? ¿Qué importancia se ha de dar al proceso terapéutico, aparte del contenido?*

Bibliografía

American Psychiatric Association (1980). *Diagnostic and Statistical Manual of Mental Disorders* (3rd. ed.). Washington DC.

Beck, A.T. (1979). *Cognitive Therapy of Depression.* New York: Gilford Press.

Billings, A. et al (1983). Social-environmental factors in unipolar depression. *Journal of Abnormal Psychology,* 92, 119-123.

Bowlby, J. (1980). *Attachment and Loss.* London, England: Hogarth Press.

Collins, G. (1980). *Christian Counseling.* Waco, TX: Word Books.

Crabb, L. (1977). *Effective Biblical Counseling.* Grand Rapids, MI: Ministry Resources Library.

Dalton, K. (1980). *Depression After Childbirth.* Oxford, England: Oxford University Press.

Hart, A. (1979). *Feeling Free.* Old Tappan, NJ: Power Books.

– (1984). *Coping With Depression in Ministry.* Waco, TX: Word Books.

– (1987). *Counseling the Depressed.* In Gary Collings (ed.) *Resources for Christian Counseling,* vol. 5. Dallas: Word Publishing.

153

Kirwan, W. (1984). *Biblical Concepts for Christian Counseling.* Grand Rapids: Baker Books House.

Kolb, L.C. (1973). *Modern Clinical Psychiatry.* Philadelphia: W.B. Saunders.

Lesse, S. (ed.) (1974). *Masked Depression.* New York: Jason Aronson.

Meichembaum, D. (1977). *Cognitive Behavior Modification.* New York: Plenum.

Nicholi, A. (1988). *The New Harvard Guide to Psychiatry.* Harvard University Press.

O'Hara, M.W. et al (1991). Controlled Prospective Study of Postpartum Mood Disorders: Psychological, Environmental and Hormonal Variables. *Journal of Abnormal Psychology*, 100, 63-73.

May, G.G. (1982). *Care of Mind, Care of Spirit.* San Francisco: Harper & Row.

Patterson, C.H. (1985). *The Therapeutic Relationship: Foundations for an Eclectic Psychotherapy.* Pacific Grove, CA: Brooks/Cole.

Seligman, M.E. (1975). *Helplessness.* San Francisco: Freeman.

Wetzel, J.W. (1984). *Clinical Handbook of Depression.* New York: Gardner Press.

Williams, J. Mark G. (1984). *The Psychological Treatment of Depression.* New York: MacMillan/The Free Press.

Worden, W.J. (1991). *Grief Counseling and Grief Therapy.*

Zung, W.K. (1974). *Self Rating Depression Scale.*

La depresión y su tratamiento

OBSERVACIONES :